나의 간증 나의 이야기

[내가 본 사후세계]의 저자가 걸어온 야곱처럼 험악한 일생

저자 신옥자 목사

도서출판

소망
S·O·M·A·N·G

목차

시작하는 글

"그러나 하나님께서 세상의 미련한 것들을 택하사 지혜 있는 자들을 부끄럽게 하려 하시고 세상의 약한 것들을 택하사 강한 것들을 부끄럽게 하려 하시며 하나님께서 세상의 천한 것들과 멸시받는 것들과 없는 것들을 택하사 있는 것들을 폐하려 하시나니 이는 아무 육체도 하나님 앞에서 자랑하지 못하게 하려 하심이라" (고린도전서 1장 27~29절)

고전 1장 27~29절 말씀이 꼭 나를 두고 말씀하신 것 같아 놀랐었습니다.

나는 진정 미련한 자였고, 약한 자였으며, 멸시받고 천대받은 자였습니다. 담양에서 초등학교 다닐 때 계속 꼴찌만 하여 학교 친구들과 동네 친구들에 의해 미련둥이 꼴찌라는 수치스러운 별명이 붙여지고 친구들의 놀림감이 되어 무시 받고 천대받으며 부끄럽게 살아야 했습니다. 그 때문인지 그때부터 주눅이 들어 싫은 일을 당해도 싫다는 말 한마디 못하고 하라는 대로 끌려만 다녔습니다. 그래서 아무 쓸모가 없어서 하나님께 버림받은 줄 알고 울며 살았었습니다.

그런데 하나님께서 쓸모 있다 하시고, 귀하게 쓰겠다 하시며 미운 오리 새끼 같은 못난 나를 귀하게 쓰셨습니다. 끌려다닌 자에서 이끄는 자로 변화시켜 크게 쓰임을 받게 하셨습니다. 아무리 어려운 형편 중에서도 작으면 작은 대로 나누며 살려고 애썼더니 지극히 작은 것을 크게 보시며 큰 은혜로 갚아주셨습니다.

그리고 청죽교회를 말세 교회들에게 교훈이 되게 하고 경종이 되게 하기 위해 세우시고 지키셨다 하셨습니다. 너를 쓰려고 가난과 질병으로 연단을 하였고, 수많은 사망에서 건졌다 하시며, 네가 보고 듣고 체험한 모든 것을 하나도 빠짐없이 사실 그대로 기록하고 알리라 하셔서 빚진 자로서의 소명을 다하기 위해 다 늙어 쓰러질 것 같은 몸을 일으켜 박정숙 권사님의 도움을 받으며 이 글을 쓰게 되었습니다.

〈마지막 신호탄〉

잠을 자다 "깨어나라! 일어나라! 어찌하여 영적 깊은 잠에 빠져 있느냐? 지금은 자다가 깰 때라!" 는 영의 소리에 깜짝 놀라 나도 모르게 펜을 들게 되었고 전에 주셨던 말씀들이 떠오르게 하셔서 쓰게 되었다.

하나님 믿는 자 모두 "깨어나라! 일어나라!"하신 영의 소리에 귀를 기울어야 한다. 조상의 죄로 합법적으로 공중권세를 잡고 세상의 임금이 된 흑암의 세력들이 교회들을 말살시키려고 몰려오고 있다. 하나님의 뜻을 거스린 잘못된 세상 법으로 사랑하는 자녀들을 성의 노예, 쾌락의 도구로 삼으려고 수단과 방법을 가리지 않고 달려오고 있는데, 우리 모두 안일하고 나태한 영적 깊은 잠에 빠져 있는 것을 깨달아 새벽잠을 깨고 일어나야 한다.

자녀들에게 신앙교육을 제대로 시켜 성스러운 결혼예식을 마칠 때까지 순결을 지키도록 가르쳐 행하도록 해야 한다. 자녀들에게 하나님의 계명을 지켜 남자가 여자와 동침하는 것처럼 남자와 동침하지 말라는 말씀을 지켜 행하도록 해야 한다. 자유, 평등이라는 명분으로 교회를 말살시키려는 차별금지법과 싸워야 한다.

가르친다고 되는 것만이 아니므로 깨어 기도하고 말씀을 지켜 행하게 함으로 말씀이 자녀들을 지키게 하고 그리스도의 영을 지닌(영성), 그리스도인답게 성결하고 의로운 삶을 살도록 하여 성장, 성숙시켜 5가지 신분(하나님의 자녀, 왕, 제사장, 성전, 신부)으로 능히 살 수 있는 성숙한 분량에 이르도록 해야 한다.

하나님과 함께 동행하는 삶을 살 수 있도록 매일매일 기도하고 예배드리기를 힘쓰고 말씀을 지켜 행하여, 말씀을 지키게 되면 말씀이 자녀들을 지켜 악법으로부터 성의 노예, 쾌락의 도구로부터 지켜주실 것이다. 반드시 복음으로 변화받아 기도하고 찬송하는 삶을 살게 하고 우리에게 주어진 자유의지와 자아를 굴복시켜 예배드리고 행함있는 믿음 생활하는 순종의 신앙생활을 할 수 있게 해야 한다.

그런데 본이 되고 의로운 생활을 해야 될 믿는 자들이 심지어 강단의 종까지 악하고 음란에 빠져 세상으로부터 비난의 대상이 되었다.

오직 사랑과 평화와 구원의 역사와 성령의 역사만 있어야 하는 교회 안에서 다툼과 분쟁과 분열로 사랑과 평화가 깨어지고 성령의 역사하심이 사라지고 어둡게 되어 이에 실망한 젊은이들이 교회를 떠나고 성도들도 점점 적어지고 문 닫는 교회들이 많아지고 하나님께서 특별하게 주신 성직자의 권위가 땅에 떨어지고 장로들이 성직자의 권위에 도전하는 일이 생기게 되는 것은 모두 선한 목자의 삶을 다하지 못한 목회자들에게 있다고 하시며 그 책임을 묻고 계셨다.

장성한 믿음의 분량에까지 자라 하나님 안에서 하나 되는 하나님과 동행하는 영적 능력이 권능이 없기 때문이라고 하셨다.

나 중심의 삶에서 하나님 중심의 삶으로 변화되고 자신의 영광을 버리고 하나님의 영광을 위해서 사는 십자가 체험을 못했기 때문이라고 하시며 강단의 종들에게 회개하고 회개의 불길이 타올라야한다 하셨다.

하나님께서는 몇몇 교회의 신자들의 실덕과 음란과 몇몇 교회의 지도자들의 실덕과 음란한 죄를 모든 교회의 목회자들에게 물으신 것 같았다.

"말세에 믿는자를 보겠느냐? 참 종을 보겠느냐?" 하시며 회개의 불길이 타올라야 하고 성령의 불길이 타올라야 하며 성령 충만함을 받아야 이 나라 이 민족과 세계만민을 구원하라는 막중한 사명을 감당할 수 있다 하셨다. 서로 용서하고 이해하고 서로 사랑하고 원수까지 사랑하는 경지까지 이를 때 화목한 교회, 사랑과 평화가 넘치는 교회가 된다고 하시며 성령의 아름다운 열매를 맺는 교회들이 될 수 있다 하셨다.

반드시 화목을 이루어야 한다 하시며 성령 충만함을 받으라 하셨다.

〈심판의 경고를 받고 있는 육에 속한 그리스도인〉

육에 속한 그리스도인이란? 물과 성령으로 거듭나지 못하여 그리스도의 영(영성)을 지니지 못한 중생체험, 성령체험, 죄와 함께 십자가에 못 박아 죽은 십자가 체험을 하지 못한 사람들이다. 복음으로 변화 받아 나 중심의 삶에서 하나님 중심의 삶으로 변화되어야 하는데 그렇지 못한 사람들을 육에 속한 그리스도인이라고 한다.

복음으로 변화 받아 옛사람을 벗어버리고 새사람으로 변화 받아 예수 닮아 예수의 향기가 나야 하는데 복음으로 변화 받지 못해 '참 나'가 될 수 없는 겉 사람이기 때문에 하나님과의 관계가 성립될 수 없어 아름다운 열매를 맺지 못한 육에 속한 그리스도인들에게 심판의 경고가 내리고 있었다.

아름다운 열매를 맺지 못하고 못된 열매를 맺었기 때문에 찍혀 불에 던짐을 받아 불태워진다는 말씀대로 지옥에 던짐을 받아 지옥의 형벌을 받고 있었다.

모든 죄를 다 짓지 말아야 하지만 음욕만 품어도 간음죄로 인정하는 음란죄는 하나님이 아주 싫어하시는 죄 중의 죄이므로 절대 짓지 말아야 한다.

그런데 적은 경우이겠지만, 몇몇 교회의 신자들과 본이 되고 귀감이 되어야 할 몇몇 교회의 지도자들까지 간음죄를 지어 십자가를 욕되게 하고 교회를 부끄럽게 하였다. 그래서 성직자의 권위가 땅에 떨어지고 교회를 비난의 대상이 되게 하고 성도들을 실망, 실족시켜 젊은이들이 더 많이 실망하여 떠나고 성도들도 줄지어 떠나가 심지어는 문 닫는 교회가 생기자 이에 분노하신 하나님께서 말세에 믿는 자를 보겠느냐? 참 종을 보겠느냐? 하셨다. 마치 모든 교회 지도자들이 죄를 짓는 것 같이 믿는 자들을 향해 주의 종들을 향해 속히 회개하고 변화되어 새사람이 되지 못하면 무섭게 심판하시겠다고 엄히 경고하셨다.

영혼들을 책임지고 천국까지 인도해야 할 사명 받은 목회자가 인도하기는커녕 실족케 하는 죄를 짓는 것은 있을 수 없는 일이라 하시며 단 한 사람도 지어서는 안 되는 무서운 죄를 지었다고 하시며 엄히 경고하시며 분노하고 계셨다.

기름 부어 세우신 영광스러운 주의 종들이기 때문에 성직자들이기 때문에 더 엄히 경고하셨다.

이세벨의 죄로 이스라엘이 침해를 받았던 것처럼 어두움의 세력들에게 빌미를 주어 교회들이 공격을 받고 있음을 보게 하셨다.

악한 영들에게 빌미를 주었기 때문에 앞으로 악한 영들의 공격을 받아 악한 영들에게 충동을 받은 세상의 지도자들에 의해 세상의 법으로 교회와 믿는 자들과 믿는 자들의 자녀들까지 침해를 받게 될 것이다. 여자와 동침한 것처럼 남자와 동침하지 말라는 하나님의 말씀을 거스려 남자가 남자와 더불어 부끄러운 일이 성행될 것이며 법적으로 인정받는 악법이 성행하여 믿는 자들을 성의 노예, 쾌락의 도구로 삼으려고 수단과 방법을 가리지 않게 될 것을 알게 하셨다.

특히 어린 자녀들까지 피해를 받게 될 것이다. 어린 자녀들은 욕망의 육체의 쾌락 따라 제멋대로 살아야 되는 아이들이 아니라 부모들의 보호를 받아야 될 어린이들임을 깨우쳐 세상의 악법에 물들지 않도록 자녀들을 죄로부터 지켜 보호해야 할 것이다.

성경 말씀대로 계명을 지켜 행해야 함을 가르쳐 말씀을 지키게 되면 말씀이 자녀들을 지킬 수 있다는 사실을 알려 하나님의 보호를 받아 말씀이 자녀들을 지키도록 해야 한다.

복음주의자들이 왜 육에 속한 그리스도인들을 추태스러운 그리스도인이라고 부를까 생각해 본 적이 있었다. 그것은 복음주의자들은 뛰어난 영적 능력 때문에 저절로 알아지는 영적 권능이 있기에 그리스도 영이 없는 무늬만 그리스도인들이 추태스러운 간음죄까지 지을 수도 있다는 사실을 알고 추태스러운 그리스도인이라고 말하게 되었음을 알 수 있었다.

성경도 그리스도 영이 없으면 그리스도인이 아니라고 경고하고 있고 물과 성령으로 거듭나지 않으면 결단코 천국에 들어갈 수 없다고 말씀하고 있다. 그래서 반드시 영의 성도가 되어야 한다. 겉사람이라고 말하기도 하는 육신은 '참 나'가 될 수 없어 보고 듣고도 깨닫지 못하며 하나님의 음성을 들을 수도 없으므로 반드시 영의 성도, 성령의 사람이 되어야 한다.

육에 속한 신자도 헌신도 하고 봉사도 하지만 그것이 무슨 소용인가, 하나님과 원수가 되는 육이 깨어져서 복음으로 변화를 받아 새사람이 되지 못하면 결단코 천국에 들어갈 수 없는데, 영의 성도도 연약한 인간이므로 실수도 하고 실덕하기도 한다. 그러나 추태스러운 음란죄에 빠지지는 않는다. 영의 귀가 열리고 영의 눈이 열려있기 때문이다. 그러므로 육신에 속한 그리스도인들은 영적 깊은 잠에서 깨어나 과연 내가 구원받을 만한 믿음의 사람인가? 살펴봐야 한다.

나 중심의 삶에서 하나님 중심의 삶으로 변화되고 자신의 영광만 위해서 살았던 자신이 자신의 영광을 버리고 하나님의 영광을 위해 살고 있는가 살펴보아야 한다.

열매를 보면 알 수 있으므로 자신의 삶 속에서 못된 열매가 아닌 아름다운 열매를 맺고 있는지 살펴보면 알 수 있으므로 속히 돌이켜 변하여 새사람이 되도록 힘써야 한다.

그리고 앞서 언급했지만 아주 중요한 일이기에 다시 말하려고 한다.

하나님께서 천지를 창조하시고 하나님의 형상을 따라 인간을 창조하신 후 모든 생물을 다스리고 지배하라 생육하고 번성하고 충만하라 명하셨다. 그리고 남자가 여자와 동침한 것처럼 남자가 남자와 동침하지 말라고 엄히 경고하셨다.

그런데 남자가 남자와 더불어 죄를 짓는 잘못된 성 윤리가 성행되고 있다. 지금까지는 은밀히 행했지만, 앞으로는 노골적으로 당연한 일처럼 행해질 것이고 합법화되어 하나님 뜻을 거스리는 일들이 행해질 것이다.

이것은 창조 질서를 무너뜨리려는 사탄의 음모이기 때문에 하나님을 믿는 자라면 모두 일어나 막아야 한다.

교회와 가정을 무너뜨리려는 사탄의 음모이고, 성도들의 가족과 어린아이들까지 에이즈에 걸려 죽게 하고 죄를 짓게 해서 지옥으로 끌고 가려는 사탄의 궤계이므로 믿는 자 모두 성도들과 가족과 자녀들을 지키기 위해 새벽잠을 깨고 일어나 사탄의 궤계를 물리쳐야 한다

하나님이 생육하고 번성하라고 명하셨는데 남자와 남자가 동침하면 어떻게 생육하고 번성하고 충만할 수 있겠는가? 어린이들까지 에이즈에 걸려 죽기 전에 영적 깊은 잠에서 깨어나야 한다. 성의 노예, 쾌락의 도구로 이용당하고 농락당하다가 죄를 짓게 하여 지옥으로 끌고 가려는 사탄의 궤계와 목숨 걸고 싸워 물리쳐야 한다.

교회와 가정과 가족과 자녀들을 지켜야 한다.

1부

나의 간증 나의 이야기

나의 간증 나의 이야기

〈 주님이 기뻐하시는 믿음 〉

주님이 기뻐하시는 믿음은 동전의 양면같이 믿음과 행함이 하나여야 하며 가족들과 성도들 또한 하나여야 한다.

가족들과 성도들은 자신을 낮추고 상대를 높이며 피곤하고 지쳐있을 때 기댈 수 있는 어깨가 되어주고 등이 되어줘야 한다. 가정과 교회가 사랑과 평화와 구원의 역사를 이루기 위해 서로 양보하고 희생함은 물론 서로 아끼고 사랑하며 부족한 것이 있으면 채워주고 허물이 있으면 감싸주고 허물까지 끌어안고 십자가를 지고 가신 예수님의 길을 따르는 십자가의 군병이 되어야 한다.

하나님을 사랑하며 즐거워하고 기뻐하며 고난과 핍박과 박해를 받아도 온전히 기뻐하고 즐거워하며 복음을 전하며 하나님의 온전한 뜻을 이루기 위해 기쁨으로 영혼의 구원과 생명을 살리는 일을 위해서 온전히 순종하는 신앙생활을 해야 하며 생명 바쳐 충성을 다 해야 한다. (하나님이 알게하신 생명있는 믿음)

〈 하나님의 뜻을 전하는 선지자의 사명 〉

50년 전에 하나님께서 남편 김 목사님은 마지막 영광의 순교자 사명이 있고, 나는 산 순교자 사명이 있음을 알게 하셨다. 한 알의 밀알이 땅에 떨어져 죽지 않으면 한 알 그대로 있지만 죽으면 많은 열매를 맺음같이 살아있으나 죽은 자 같이 살아야 하는 사명이 있음을 알게 하시며, 밀알처럼 죽어야 사명을 잘 감당하고 하나님께 영광을 돌릴 수 있음을 깨닫게 하셨다. 그런데 죽은 자 같이 살지 못해 계속 고난으로 연단 받고 있음도 알게 하셨다.

> "또 내가 하늘에서는 기사를 아래로 땅에서는 징조를 베풀리니 곧
> 피와 불과 연기로다. 주의 크고 영화로운 날이 이르기 전에 해가
> 변하여 어두워지고 달이 변하여 피가 되리라" (사도행전 2장 19~20절)

지금은 거짓 평화왕 적그리스도의 출현을 목전에 둔 폭풍전야와 같은 급하고 악한 마지막 때이다. 하나님께서 얼마나 급하셨으면 나 같은 것을 불러 나팔을 불어 심판의 때임을 알리라 하셨겠는가? "깨어나라! 일어나라! 때가 급하고 악하구나!" 하셨다. 그러므로 애절하게 우리를 부르시고 깨우시고 일어나라 하신 음성에 귀를 기울여야 한다.

하나님께서 많은 사람을 다 구원하고 다 들림을 받도록 하기 위해 재림 시기를 늦추기까지 하셨는데 이제는 더 이상 지체할 수 없는 마지막 때가 다 되었다 하셨다. 더 이상 지체할 시간이 없다 하셨다. 추수

할 때가 다 되었다 하셨다.

그러므로 반드시 물과 성령으로 거듭나서 죽도록 충성해야 한다 하셨다. 영적 잠에서 속히 깨어나 신부로 단장해야 한다 하셨다. 정결한 신부로서 깨끗한 세마포를 입은 신부 성도로 단장하여 신랑 되신 예수님(재림주)을 영접할 준비를 해야 한다 하셨다. 마라나타! 오! 주여! 어서 오시옵소서! 영접할 수 있도록 정결한 신부로 새 단장 해야 한다 하셨다.

하늘에 감추어 두신 마지막 때에 일어날 비밀을 펼쳐 보여주시며 주의 길을 예비해야 함을 전하라 하시니 두렵고 떨리지만 한편으로는 영광스럽다.

사후세계에서 보았던 천국과 지옥의 실체, 그리고 재림 때 있게 될 하늘 3층천에서 감추어두신 말세의 비밀을 펼쳐 보이시며 본대로 알리라 하심은, 믿는 자 모두 하나님의 뜻대로 지켜 행하게 하고 그리스도인들이 다 구원받고 천국에 들어가게 하려 하심이다. "물과 성령으로 거듭나서 죽도록 충성하게 하라" 하심은 죽도록 충성하면 주님의 은혜로 환란 많은 종말기 중에서도 기근과 질병과 사망에서 보호하시다가 대환란의 문이 열릴 즈음 다 들림(휴거) 받도록 하기 위함 때문이었다.

우리를 적그리스도로부터 보호하시고 지키시려는 하나님의 사랑을 안다면 건성으로 신앙생활 하지 말아야 하며, 에녹처럼 행함 있는 믿음으로 하나님을 기쁘시게 한 자들에게 주시는 하나님의 은혜를 입어 죽지 않고 산채로 하늘로 승천하는 신부 성도들이 다 되시기를 간절히 소망하고 기도한다.

그러므로 깨어나야 한다. 일어나야 한다.

어두운 세력들에게 당하지 않으려면 그들의 총체적인 공격을 물리칠 수 있도록 성령의 검(말씀)을 가지고 싸워 이겨야 한다. 근신하라! 깨어나라! 마귀가 자기 때가 얼마 남지 않음을 알고 택한 자라도 삼키려고 덤벼들 것이므로 정신을 차리고 속히 영적 깊은 잠에서 깨어 마지막 전쟁 때 그리스도 군사로서 하나님의 군대로 참여할 수 있도록 말씀으로 무장하고 전신갑주를 입고 그날을 대비해야 한다.

> "악하고 급한 때라! 지체할 시간이 없다!" 하신 주님의 음성에 귀
> 를 기울여 속히 깨어나 나팔을, 경고의 나팔을, 심판의 나팔을 불
> 어야 한다.

이 사실을 알리기 위해 빚을 내서라도 출판하여 하나님의 뜻을 이루리라 굳게 다짐했지만, 막상 출판하려고 하니 염려되는 것이 한두 가지가 아니어서 머뭇거렸다. 어떻게 그 많은 교회에 보낼 수 있으며, 모든 성도가 다 읽게 할 수 있을지, 어떻게 교회를 떠난 젊은이들이 교회로 돌아오게 할 수 있으며 수많은 영혼을 구하고 생명을 살리는 역사를 일으킬 수 있을지 막막하기만 했다.

만약 파수꾼의 사명을 받은 내가 파수꾼으로서 소임을 다하지 못하여 한 사람이라도 알지 못해 준비하지 못함으로 화를 당하게 하면 내가 화를 당할 것이요, 그 피 값을 내게 묻겠다 하신 주님의 말씀이 생각나 두렵고 떨리기만 했다. 그래서 막막하기만 했는데 딸 사라가 내 일을 도와주기 위해 프린트된 내 글을 살펴보다가 내 사명이 궁금했는지

인터넷으로 신옥자를 찾아봤더니 하나님이 쓰게 하신 「사모가 본 사모학」과 「대심판」이 대학교 도서관에 비치되어 있다는 사실을 알게 되었다며 새로운 용기를 주었다.

보내고 읽게 하라는 명을 받지도 않았고 단 한 권의 책도 대학교에 보낸 적이 없는데 명문대학 서강대학교에 어떻게 보내졌는지 놀라고 놀라웠다. 누군가에 의해 보내졌고 읽게 되었다면 또 누군가에 의해 보내지고 읽게 하는 역사가 또 있지 않겠는가? 하는 소망이 생겼다. 참으로 고맙고 감사했다. 어쩌면 하나님께서 반드시 내가 본 사후세계를 기록하게 하시고 전하라 하셨으니 기도 많이 하시는 영적인 목사님들께서 이 사실을 아시게 되어 도움을 주시지 않겠는가? 하는 새로운 소망을 갖게 하였다. 그리고 이것은 나만의 사명이 아닌 모든 목사님에게 함께 하라는 사명임을 다시 깨닫게 되었다. 말씀을 받고도 깨닫지 못한 나를 깨우쳐 준 계기가 되었다. 참으로 부끄러운 나의 모습을 보게 되었다.

하나님께서 죽은 나를 살리셔서 세상에 보낸 이유는 〈내가 본 사후세계〉와 〈나의 간증 나의 이야기〉 책을 쓰게 하여 교단과 교파를 초월하여 하나님의 모든 교회에 반드시 보내 모든 믿는 자가 읽게 되기를 원하셨다. 그래서 수많은 영혼을 구원하고 생명을 살리는 역사를 통하여 하나님의 뜻이 이 땅에 이루어지게 하시려고 반드시 나팔을 불어 파수꾼의 사명을 완수토록 해야 한다 하셨다. 이 말씀을 통하여 곧 기도 많이 하시는 영적 목사님들은 아시게 될 것이며 함께 감당해야 하는 사명임을 확실하게 깨달을 수 있었다. 동시에 책을 모든 교회에 보내 성도들에게 읽게 하라 하셨던 생각이 나게 하심은 이 사명을 깨우쳐 주기 위함이었음을 알게 하셨다.

이 놀라운 사실을 잊고 있었는데 딸이 깨우쳐 소망을 갖게 해주었다.

그러나 선지자를 인정한 구약시대에도 하나님의 뜻을 전하는 많은 선지자가 뼈아픈 고통을 당했음을 성경 역사가 말해주고 있다. 하물며 이 시대는 선지자를 인정하지도 않는 시대인데 얼마나 아프게 돌을 던지겠는가? 반대로 도움을 주려는 분들도 계시겠지만, 두려움이 한꺼번에 몰려왔다.

그 두려움 때문에 출판 준비를 다 해 놓고도 망설이는 연약한 나를 딸이 정신이 번쩍 들게 해주었다. 지금은 지체할 시간이 없는 급한 마지막 시대인데 잠시 잠깐 후엔 다시 오마 약속하신 주님께서 오실 때 깨어 있지 아니하면 큰일 나는데…

'오, 주여 도우소서, 저의 믿음 부족함을 도우소서!' 탄식하지 않을 수 없었다. 딸은 마치 스승이 제자를 일깨워 주고 어머니가 딸을 깨우쳐 주는 듯 내게 큰 위로와 함께 용기와 소망을 심어주었다.

심성이 곱고 생각도 깊고 정이 깊은 딸은 언제나 힘들어할 때마다 내게 힘을 실어주고 결정적인 순간 큰 도움을 주었다. 이번에도 사명을 위한 일이면 죽으면 죽으리라 결심하면서도 무서워 망설여지고 머뭇거리는 내게 길이 있음을 깨우쳐 주고 큰 용기를 주어 고맙고 자랑스럽다.

시부모님에게도 친정 부모처럼 알뜰살뜰 효를 다하는 심청이와 같은 효녀이기도 하다. 그래서 임종 직전 시아버님을 뉘우치게 하고 회개토록 하여 구원받고 천국에 가시게 할 수 있었다. 지금은 홀로 남으신 친정어머니처럼 좋으신 시어머님이 안타까워 홀로 계시게 해서는 안 된다고, 빈자리가 크게 해서는 안 된다 하며 조금만 무리하면 어깨와 목이 아파 아픈 신경주사를 이곳저곳 맞으면서도 자기 몸을 돌보지 않고 시어머님을 친정어머니처럼 정성을 다해 섬기는 것을 보면 고맙고 고맙다. 내게는 늘 미안하다고 말하는 딸이, 딸 노릇 잘하는 것보다 며느리로서 소임을 다해야 한다고 가르친 우리 부부 가르침대로 며느리로서 본분을 다하는 모습이 고맙고 대견스럽다.

〈 꿈을 이뤄주신 하나님 〉

하나님께서 미련둥이 꼴찌라는 별명이 붙을 만큼 공부도 못하여 낙제점만 받아 친구들의 놀림감이 되고 주위의 냉대와 수모를 받은 나를 부르시고 세우사 마지막 시대에 하나님의 뜻을 알리는 예언자로 쓰시기 위해 나에 대한 놀라운 계획을 세우셔서 내 인생을 바꾸셨다.

공부도 지지리도 못하여 늘 성적표엔 양, 가만 받는 꼴찌였기에 친구들의 놀림감이 되어 살아야 했고, 우리 부모님께는 "옥자가 제대로 사람 구실이나 하며 살 수 있을까?" 하는 걱정만 끼쳐 드린 불효막심한 못난이였다.

그런데도 말도 안 되는 꿈을 갖고 있었으니 '내가 만화가가 되었으면 좋겠다.' '중학교 교사가 되었으면 좋겠다.'는 분수에 맞지 않는 꿈을 가지고 있는 엉뚱한 사람이기도 했다. 그리하여 말도 안 되는 꿈이라며 수모와 냉대를 받으며 주위의 반대하는 소리를 들으면서도 만화가가 되고 교사가 되어야겠다는 꿈을 안고 무작정 달렸었다.

그런데 가는 곳마다 "만화가가 되려면 뛰어난 아이디어와 풍부한 상상력이 있어야 한다. 그리고 그림 소질이 뛰어나야 한다. 그런데 그림 실력도 별로 없고 상상력도 없고 아이큐가 높아야 하는데 너무 낮다." 한마디로 만화가가 될 소질이 없어 보이니 포기하라는 자존심 상한 충고뿐이었다.

그런데 하나님께서 「엘리야」를 출판하게 하셔서 나의 꿈이었던 만화가가 되게 하셨고 최초로 성서만화가라는 영광을 안겨주셨다. 그뿐만 아니라 중학교 교사가 되고 싶어 하는 내 꿈을 이루어 주시기 위해 놀라운 계획을 세우시고 이루셨다.

중학교 교사가 되게 하시려고 당시 유행하고 있었던 야간을 이용하여 성경을 중심으로 중등과정을 가르쳤던 중등 성경구락부를 천기윤 목사님을 통해 담양읍 교회에서 도입하게 하셨고, 가르치는 선생을 뽑을 때 나도 뽑히게 하셨다. 그래서 나 같은 것이 학생들을 가르치는 꿈에도 그리던 교사가 될 수 있었다. 뿐만 아니라 꼴찌였던 나를 가장 잘 가르치는 교사가 되게 하시는 기적 같은 일을 하나님이 하셨다. 또 천 목사님께서 나에게 학생들을 가장 잘 가르칠 뿐 아니라 정신까지 이끌어가는 뛰어난 지도력이 있다는 칭찬과 함께 '숨은 상록수'라는 명예로운 별명까지 얻게 하셨다. 비록 정규 중학교는 아니었지만 나는 너무 좋아 춤을 추곤 했다.

그러나 얼마 후 담양에 야간 중학교(재건 중학교)가 생겨 학생들이 재건 중학교로 가버린 바람에 교회에서 운영하던 중등 성경구락부는 자동으로 문을 닫게 되어 모든 꿈이 사라지는 것 같았었다. 그런데 나만 특별교사로 재건 중학교에 초청되어 계속 국사를 가르치는 행운을 얻을 수 있었다.

그뿐만 아니라 주간 정규 중학교인 약수중학교에서 국사를 가르치던 교사가 교통사고로 입원하여 퇴원할 때까지만 임시로 국사를 가르칠 교사를 찾던 중 학생들을 가장 잘 가르치는 교사라는 말을 듣고 찾아왔다는 약수중학교 교장 선생님을 따라가 약수중학교에서 국사를 가르치는 기적 같은 일이 있게 하셨다. 그리고 얼마 후 국사 교사가 퇴원하고 왔음에도 불구하고 특별교사로 계속 있어 달라는 요청을 받고 우리가 약수 교회를 떠날 때까지 계속 일할 수 있었다. 이 모두 하나님이 하신 일이었기에 가능한 일이었다. 이 일로 나의 나 된 것은 무조건 주님의 은총이었다고 간증케 하셨다.

그 당시 교사가 되려면 우등생들만 들어갈 수 있었던 사범대를 졸업해야 교사가 될 수 있는 시대였는데 나는 사범대를 입학조차 한 적이 없는 자격 미달이었지만, 전능하신 하나님이 하신 일이었기에 교사가 될 수 있었다.

오! 하나님 감사합니다!

〈 하나님의 역사 〉

나는 하나님으로부터 여성이 받을 수 있는 최고 축복스러운 많은 약속을 받았었다. 그것이 예수님의 권세, 능력으로 인하여 손만 대도 그 자리에서 고름이 사라지고 각종 병들, 암, 불치병들도 치유되며, 죽어가는 아이가 살아나는 기적 같은 일들이 계속 일어나게 하는 일들이었다.

그뿐만 아니라 사모였던 나를 사모님들과 목사님들 앞에 강사로 세우시겠다고 하신 약속이었다. 사모였기에 사모 세미나를 인도했지만, 그당시 사모가 어떻게 목사님들 앞에 강사로 설 수 있겠는가? 말도 안되는 약속만 같았었다. 그런데 하나님께서 세계에서 제일 큰 교회로 알려진 여의도 순복음교회에서 세계 선교사대회가 열릴 때 담임이셨던 조용기 목사님과 함께 강사로 강단에 서는 믿어지지 않은 일을 있게 하셨다.

그뿐 아니라 최고의 강사였다는 극찬을 받게 하셨다. 어떻게 사모가 목사님들, 선교사님들 앞에 강사로 설 수 있는가? 이 또한 하나님이 하신 일이었기에 가능한 일이었다. 그리하여 각국에서 선교 활동을 하다가 오신 선교사님들이 자기들이 선교하는 나라로 와 달라는 강사 초빙을 받을 수 있었다. 미국, 영국, 호주, 대만, 일본, 중국 등 여러 나라에서 초빙을 받게 하심으로 세계 강단에 서게 해주겠다고 하신 약속을 지키시었다.

그런데 당시 교회가 2차 성전 건축을 할 때였었다. 극성스러운 주민들의 반대로 교회가 위기에 처할 때였으므로 절호의 기회였던 강사 초빙을 거절할 수밖에 없었다. 혼자 갈 자신도 없기도 했고…, 아쉬움보다 하나님의 교회를 지키는 것이 더 중요한 일이었기에 그보다 더한 것도 중요치 않게 생각되었을 뿐이었다.

〈 새로운 소명 개척 〉

스스로 개척하라는 사명을 받았다는 남편을 따라 서울에 와서 여러 곳을 거쳐 서부 병원 앞 건물에 60평을 전세로 얻어 칸을 막아 한쪽을 사택으로 쓰게 되었을 때 그 기쁨은 말로 다 할 수 없는 기쁨이었다. 그제야 조금 안도의 숨을 쉬게 되어 너무 좋았었다.

친정 형제들의 도움을 받고, 개척한다는 소문을 들은 옛 교회 성도들이 하나, 둘 찾아주셨고, 형제들과 성도들의 헌신적인 기도와 전도로 개척의 그림이 완성되어 가고 있었기에 너무 좋았고 월세에서 전세로 60평을 얻게 되어 감격스러웠다.

그런데 하나님께서 새로 개척하는 것보다 더 힘든 곳인 응암동 산 높은 곳에 가서 다시 개척하여 반드시 개척에 성공해야 하며 성전 건축까지 성공적으로 마쳐야 한다는 새로운 특명을 내리셨다. 동시에 남편과 함께 40일 금식하라는 말씀 따라 40일 금식을 하게 되었다.

영문도 모르고 하나님이 하라 하신 일이기에 금식을 시작했지만, 너무 힘들고 40일 금식하다 죽은 사람을 여럿 보았기에 "하나님, 연약한 제가 어찌 40일 금식을 할 수 있으리까? 하다가 죽겠나이다." 여쭈었더니 "오래전부터 40일 금식을 하라 했건만 실패했으니 금식에 고난이 있으리라. 그러나 이번에는 할 수 있으리니 금식의 능력을 주리라."는 말씀대로 참으로 40일 금식은 힘든 일이었지만 도우시는 하나님의 은혜로 무사히 마칠 수 있었다. 40일 금식을 무사히 마쳤지만, 김 목사님이 뼈만 남은 해골 같아서 많이 울었던 때는 잊을 수가 없다. 참으로 40일 금식은 위험하고 힘든 일이었다.

　우리와 함께 40일 금식을 하시던 분 중에 보호식을 잘못하여 돌아가신 분도 계셨고, 오랫동안 고생하신 분도 계신 것을 보면서 40일 금식은 하나님의 명령이라면 어쩔 수 없는 일이지만, 그렇지 않다면 영적 능력을 얻기 위해 40일 금식을 하는 것은 너무 위험하다는 생각이 들었다.

　잘 마치고 어느 정도 회복이 되자 하나님께서 "개척보다 더 힘든 개척을 새로 시작하라." 하시며 영적으로 매우 어둡고 메마른 귀신들이 득실거리는 응암동 높은 곳에 가서 반드시 개척에 성공해야 하며 반드시 성전 건축까지 해야 한다는 새로운 소명을 부여하셨다.

　하나님께서 인도하신 우리가 개척한 장소는 응암동 백련사 절 부근에 있는, 복음의 능력을 무시하고 거부하게 하여 지옥에 가게 하려는 악한 영들의 음모인 줄도 모르고 주민들이 악한 영들의 꼬임에 빠져 교회 없는 마을을 만들려고 혈안이 되어있는 곳이었다. 얼마나 영적으로 어둡고 메마르고 황폐하여 귀신, 악한 영들이 득실거리는 곳인가는 영적 능력이 있는 자만이 알게 되는 곳이었다.

〈 특명 〉

개척 당시 남편이 '만나선교회'를 도우려다 덫에 걸려 빚더미에 앉게 되었다. 이자 줄 돈도 없어서 부모님께 자녀의 도리도 형제간의 도리도 인간으로서 기본적인 예의도 갖출 수 없는 최악의 나락으로 떨어져 눈물로 밥을 삼으며 사는 인생을 살게 되었는데, 꿈만 같은 그 세월을 어떻게 견디며 살아왔는지 지금도 꿈을 꾸는 것만 같다.

그뿐 아니라 어린 사라가 영양실조로 쓰러져 양호실에 실려 간 사실을 안 김 목사님이 자기 때문이라고 자책하며 받은 심한 심적 고통과 교회를 지키기 위해 받는 심한 스트레스와 과로와 영양실조까지 겹쳐 남편까지 쓰러져 연대병원에 입원해야 했다. 또한 간경화가 악화되어 피를 토하는 증세까지 나타났다.

병원에서 간경화는 현대의학으로 고칠 방법이 없고 오직 죽는 시간을 조금 연장시키는 것밖에 없다는 사형선고가 내려졌다.

앞이 캄캄하고 모든 의욕을 상실하여 일어설 힘도 없는데, 하나님으로부터 급한 명이 떨어졌다. "지체하지 말고 급히 교회 옆에 있는 4층으로 된 빌라를 전부 사서 교회 건축의 기초를 닦으라." 하셨다. 깜짝 놀라 정신을 가다듬고 젖 먹는 힘까지 내어 이 사실을 알렸다.

먼저 빌라 4층을 살 때는 사택이 필요할 때였으므로 기쁨으로 샀는데, 1층과 2층, 3층까지 사야 한다 할 때 처음으로 나에 대한 불만이 터져 나왔다.

그런데 갑자기 집값이 껑충 뛰어올라 이에 놀란 성도님들이 계산해 보니 한 체 값으로 세 체를 사게 되었다는 계산이 나오고 또 그때 사지 않았다면 건축하는데 많은 어려움에 부딪치게 되었을 것이라는 사실을 깨닫게 되어 불만이 변하여 이렇게 지혜와 능력을 갖춘 사모님을 목사 되게 해야 한다는 소리가 처음으로 나왔다.

〈 능력기도원 원장, 민족재단 원장 전도사님 〉

능력기도원 원장님이시기도 하고 민족재단 원장님이시기도 한 전도사님은 참으로 영적 능력과 권세가 강한 분이셨다. 주의 종들이 능력 받고 싶으면 찾아간 곳이 능력기도원이었으니 그곳 원장님은 얼마나 능력이 많으시겠는가? 정말 영권이 강한 분이셨다.

그래서 민족을 위해 기도하시다가 응암동 백련산 높은 곳(청죽교회가 세워진 곳)이 사탄, 귀신 등 흑암의 세력들과 악령들이 득실거려 한 번도 교회 개척에 성공한 적이 없고, 성전 건축을 성공한 적이 없는 교회가 없는 마을로 유명한 것을 알게 되어, 자신이 교회를 세워 그 불쌍한 영혼을 구원해야겠다고 결심하고 찾아가 직접 설계하여 임시교회로 쓰려고 거실을 넓게 하였고 이 층에 지붕을 슬래브로 하여 조그마한 교회를 세우려고 했다고 하셨다.

그런데 건물을 교회로 사용한다는 것을 안 주민들이 유리창을 깨고 전등을 깨고 소란을 피우는 등 극성스럽게 방해하였다고 하셨다.

주민들의 극심한 반대에 부딪혀 사명감을 가지고 따라왔던 영권이 강하고 능력 있다는 성도도 견디지 못하고 하나, 둘 떠나갔고 결국 견디다 못해 두 손 들고 할 수 없이 십자가를 떼고 이사하지 않을 수 없으셨는데, 우리는 그 집을 가격이 내리고 내려 전셋값으로 호박이 넝쿨째 저절로 굴러왔다는 말을 들을 만큼 싸게 살 수 있었다. 그리고 교회로 쓰기에 딱 좋은 넓은 거실을 임시 예배 처소로 사용할 수 있었다.

그런데 이사 온 날 웅성웅성 모여 있던 주민들이 십자가를 보고 "어? 교회가 쫓겨났는데 또 교회가 이사 왔네! 또 쫓겨나려고!" 하는 소리를 듣고 힘들고 어려운 영적 싸움이 기다리고 있다는 것을 알 수 있었다.

그러나 반드시 개척에 성공하고 성전 건축까지 해야 할 사명을 이루기 위해, 우리 부부를 40일 금식으로 무장시키신 하나님의 뜻을 이루어 드리기 위해, 영적 전쟁에서 반드시 승리해야 한다는 사명감이 두려우면서도 강하게 타오를 수 있었다.

40일 금식은 너무 위험한 것을 깨달았기에 20일 금식이나 아니면 3일 금식이 좋을 것 같다는 생각이 많이 들어 교회가 어려운 일이 있을 때마다 20일 금식 혹은 10일 금식 아니면 3일 금식을 자주 하며 영적 무장을 하고 교회를 말살시키려는 사탄의 궤계와 싸워나가며 성도님들과 힘을 합쳐 기도로 교회를 지켜나갈 수 있었다.

사탄, 악한 영들이 힘을 합쳐 교회 말살 정책을 펼치려고 하고 있음을 알고 있기에, 더구나 이곳은 더 심하고 악랄한 궤계로 교회 건축을 못하게 하려고 악한 영들이 총동원하여 막으려 함을 알았기에 이곳에 성전 건축을 성공적으로 마치는 일은 쉽지 않음을 알고 있었다. 하지만 또다시 교회가 동네에서 쫓겨나는 일이 없도록 전투태세를 갖추고 영적 전쟁 준비에 돌입하고 싸우며 나아갈 때 사탄의 방해가 많아 참으로 힘이 들고 어려움이 한두 가지가 아니었다. 하지만 한 발짝도 물러설 수 없는 길이기에 두 손 불끈 쥐고 성도들과 함께 기도하고 또 기도하면서 이단인 여호와증인과 합세한 동네 주민들의 극성스러운 방해에도 불구하고 교회가 쫓겨난 그곳을 지켜나갈 수 있었다.

나는 한 번도 잠옷을 입고 편히 잠자리에 든 적이 없었고, 기도실에서 기도하는 일로 밤을 새우곤 했었다. 이것을 안 성도들이 함께 기도하며 뜨겁게 기도하고 뜨겁게 신앙생활 하는 성도들이 점점 많아지면서 교회는 안정되어가고 이 층에 교회(1차 성전건축)를 세우고 감사기도의 눈물을 흘릴 수 있었다.

민족재단 원장님은 더 이상 예배를 드릴 수 없어 십자가를 떼고 피눈물을 흘리고 이대로 차마 떠날 수 없어 청죽교회 아래 길 건너에 있는 골목길에서 사역하면서 비록 나는 실패했지만, 누군가에 의해 반드시 개척에 성공하고 교회 건축까지 할 수 있도록 해야겠다고 결심하고 기도하고 또 기도하며 부르짖으셨는데, 하나님이 응답하사 드디어 청죽교회가 개척에 성공하고 극성스러운 동네 주민들을 꺾고 작지만, 성전건축까지 마치고 하나님께 영광 돌렸다는 말을 듣고 달려왔다며 김 목사님 와이셔츠와 내 블라우스를 사 가지고 오셨는데 그분이 우리가 사서 들어간 건물을 지은 민족재단 원장님이셨다.

얼마나 감사하고 감격스러웠는지 원장님의 은혜로 우리가 전셋돈으로 그 집을 싸게 사게 되었고, 그곳이 예배처소로 딱 쓰기에 알맞아 성전 건축을 할 때까지 원장님께 감사한 마음으로 잘 사용할 수 있었기에 원장님 만남은 참으로 감격이었다.

믿는 사람들이 능력을 받고 싶을 때 찾아간 곳이 능력기도원이었고 민족재단이었으니 얼마나 능력이 많았겠는가? 그럼에도 불구하고 교회를 세우려다 쫓겨나게 된 것은 그만큼 흑암의 세력들과 악한 영들이 힘을 합쳐 극성을 부렸기 때문이었다.

그래서 하나님께서 영적으로 무장하라고 우리 부부를 40일 금식기도를 시키셨다는 것을 깨달을 수 있었다.

그리고 얼마 후 2차 교회 건축을 하려고 할 때, 주민들과 이단인 여호와증인들까지 합세하여 똘똘 뭉쳐 극심하게 방해하는 주민들에게 부딪혀 진정 쫓겨날 수밖에 없어 앞이 캄캄할 때, 우연한 기회에 업자를 통해 알게 된 수사부장인 이 장로님(당시는 집사였음)에게 억울한 사정을 호소하면 큰 도움을 받을 것 같다는 남편을 따라 이 수사부장님을 만나 억울한 사정을 호소했더니 정말 큰 도움을 받을 수 있었다.

이 장로님이 우리 앞에서 전화로 서장을 불러서 부당한 대우로 성전건축을 못 하게 한 경찰서장에게 책임을 묻겠다고 하자 주민들 편에선 경찰서장이 놀라서인지 변하여 닭장차라고 불리는 경찰버스까지 동원하여 주민들의 방해를 막아주어 중단할 수밖에 없었던 성전 건축을 다시 시작할 수 있었다.

장로님의 도움이 아니었다면 우리도 능력재단 원장님처럼 주민들에 의해 쫓겨날 뻔했는데 이 장로님의 도움을 받아 다시 성전 건축을 계속할 수 있게 되어 참으로 감사했었다. 이 장로님은 참으로 고맙고 고마운 분이셨다. 이 장로님 정말 감사합니다.

〈 약속을 지키신 신실하신 하나님 〉

그런데 건축이 계속되어 성공적으로 성전 건축을 마칠 수 있을 줄 알았고 그리고 건축을 법대로 다 지키며 건축했는데 구청건축과로부터 건축을 중지하라는 건축 정지서가 날아왔다. 또 악한 영들이 모여 성전 건축을 방해하려고 건축과를 충동한 결과였다.

이런 경우에는 건축을 할 수 없다고 설계사도 포기하고, 조 목사님, 정 목사님을 비롯한 많은 목련회 목사님들도 어쩔 도리가 없다 하시며 안타까워하셨다. 우리 교회에서도 여러 각도로 알아봤으나 방법이 없음을 알게 되어 제직회 결의로 그동안 건축한 것들을 부수고 새로 집을 지어 팔고 다른 곳에 가서 성전 건축을 할 수밖에 없다는 결론을 내리게 되었다.

어쩌면 영영 건축을 할 수 없을지도 모르는 난감하고 막연한 현실 앞에 부딪혀 또다시 앞이 캄캄하고 막막하고 하늘이 무너진 것 같은 절망의 벽에 부딪힐 때 교회를 세우려다 쫓겨난 민족재단 원장님이 떠올랐다. 그리고 "쫓겨날 때 피를 토하고 죽을 것 같았다." 하신 말씀대로 정말 피를 토하고 죽을 것만 같았다.

이 사실을 어떻게 알았는지 동네 주민들이 자기들이 또 교회를 쫓아내는 일을 했다며 이겼다고 의기양양하게 교회를 비웃으며 승리의 축배를 들겠다고 모여 덩실덩실 춤까지 추는 모습을 볼 때 하늘이 무너지는 아픔을 겪어야 했다.

이곳에 교회를 세워 악한 영들을 몰아내고, 어리석어 영적으로 어두

위 악한 영들의 도구로 사용되고 있다는 사실조차 모르는 주민들의 영혼을 구원하라는 특명을 받았는데, 주민들에 의해 또 꺾이다니! 하나님께 죄송하고 죄송하여 용서를 빌며 도와 달라고 절규할 때 앞이 보이지 않아 그저 캄캄하기만 했었다.

죽을 만큼 힘들고 고통스러워 견딜 수가 없어서 그저 펑펑 울기만 했었다. 청죽교회를 지켜보려고 온갖 고생을 다 하셨던 청죽교회 성도님들의 얼굴을 뵐 자신이 없어서 얼굴을 땅에 묻고 하나님께 탄식하여 부르짖고 부르짖었다.

"하나님!! 이번 한 번만 더 꼭 도와주세요!!"

악을 쓰며 부르짖고 또 부르짖기만 했었다.

그때 아주 오래전에 "너를 통해 반드시 성전 건축을 하게 하리니 믿기만 하라! 순종하기만 하라! 그리하면 크고 놀라운 기적을 보리니 성전 건축이 기적같이 이루어지리라!"는 약속하신 말씀이 떠올랐다.

주룩주룩 흐르는 눈물을 닦고 벌떡 일어나 "할렐루야!!"를 외치며 남편 김 목사님이 영적으로 고뇌하며 탄식하며 부르짖고 있는 강단으로 달려갔다. 그리고 하나님께서 나와 약속하신 말씀을 외치고 또 외쳤다. 이에 놀란 김 목사님도 나와 똑같이 "할렐루야!!"를 외치며 "하나님께서 반드시 당신과의 약속을 지키실 것이요!"라고 기뻐하고 기뻐하셨다.

그리하여 나를 구청까지 데려다 달라고 부탁하여 함께 구청으로 가서 나는 무조건 건축과로 달려가 "하나님이 나를 통해 성전 건축을 하게 하리니 믿기만 하라! 순종하기만 하라! 그리하면 크고 놀라운 기적을 보리니 정녕 그리하리라!!"는 말씀을 외치고 또 외치고 울며불며 소리 질러 반복하여 외치고 외쳤다.

많은 사람은 내가 미친 사람 같다고 했다. 어떤 이는 신들린 사람 같았다고 했다. 부끄러운 줄도 모르고 악을 쓰듯 같은 말을 반복하여 외치고 외쳤다.

반드시 성전 건축을 마쳐야 한다는 생각밖에 없었다. 부끄러운 것이 무슨 소용인가! 힘을 다해 소리 질러 외치고 반복하여 또 외치고 부르짖고 또 부르짖으며 구청 건축과를 아수라장이 되게 하였다.

그랬더니 저기서 어떤 남자가 헐레벌떡 달려오더니 "지금이라도 건축허가서를 드리면 되는 것 아닙니까?" 하더니 그 자리에서 건축정지서를 찢고 건축허가서를 내 손에 주며 "죄송합니다. 용서해 주십시오." 머리를 조아리며 빌고 또 빌며 용서를 빌었다. 하나님의 기적의 역사였다.

하나님은 이때를 통해 한번 약속하시면 신실하게 그 약속을 지키시는 언약의 하나님이심을 나타내 보이시며 영광을 받으셨다.

악한 영들의 음모를 깨트리시는 오늘도 살아 역사하시는 전능하신 하나님만이 하실 수 있는 기적의 역사였다.

그리고 은혜를 베풀어 자발적으로 건축 헌금하는 성도들의 헌신적인 희생으로 완전한 제2차 성전 건축과 그리고 빚 없이 아름다운 지금의 제3차 성전 건축까지 마칠 수 있었다.

〈 한 번 약속하시면 신실하게 약속을 지키시는 언약의 하나님 〉

오래전에 눈을 팔아서라도 성전 건축을 할 수 있었으면 좋겠다는 간절한 소망을 갖은 적이 있었으나 눈만큼 소중한 것이 없는데 집 한 채도 안 되는 돈을 준단 말을 듣고 성전 건축을 할 만한 돈이 아니면 눈을 팔지 않겠다고 포기한 적이 있었다.

그런데 하나님은 내게 자꾸 교회 기적을 주시겠다고 말씀하셔서 "주님, 기적을 주신다는 말씀이 무엇입니까?" "내가 너를 통해 교회 기적을 주려는 것은 네 남편과 성도들의 헌신적인 희생과 네가 나를 위해 눈을 팔았기 때문이다." 하셔서 "주여, 제가 언제 눈을 팔았나이까? 이렇게 그대로 있지 않습니까?" 여쭈었더니 "네가 눈을 팔려는 간절한 마음이 있을 때 이미 받았느니라. 그러므로 너를 통해 반드시 성전 건축을 성공적으로 마치게 하리니 믿기만 하라. 순종하기만 하라. 그리하면 크고도 놀라운 기적을 보리니 정녕 그리하리라." 약속하신 말씀대로 크고 놀라운 교회 기적을 보게 하셨다.

또 3차 성전 건축할 때, 교회가 크든 작든 조금이라도 빚을 지기 마련인데 이때 지 권사님을 비롯한 모든 성도의 헌신적인 건축 헌금으로 빚 없이 성전 건축을 마칠 수 있었다. 모든 성도님 참으로 감사했습니다. 약속하신 말씀대로 빚 없이 아름다운 성전 건축을 마칠 수 있었으니 전능하신 하나님이 하신 일이었다.

하나님은 가능성이 없는 곳에서 하나님의 전능하심과 권세로 오늘도 살아 역사하시는 하나님이심을 나타내 보이며 영광 받으시길 기뻐하셨다. 그리고 주민들을 구원하시려는 선하고 위대한 계획으로 청죽교회를 세우시려는 뜻이 이루어지는 것을 보고 매우 기뻐하시고 기뻐하셨다.

〈 목사 안수 〉

남성 지도자 목사님들이 치마 두른 여인들이 어떻게 안수받아 장로가 되고 목사까지 될 수 있느냐며 이런 일은 있을 수 없는 일이라 하며 여성안수를 반대하였다. 그런데 나를 통해 수많은 병이 치유되었고 기적 같은 일들이 있었다는 사실을 알게 된 후 하나님이 하시는 일을 누가 감히 막겠느냐? 하시며 한 걸음 물러나셨다.

청죽교회에서는 능력 있는 사모를 목사로서 일할 수 있도록 해야 한다는 소리가 높아갔고, 여목 총회에서도 영권이 강한 사모를 목사 되게 하여 사역자로 일하도록 해야 한다. 못하게 막는 것은 큰 죄악이라며 적극적으로 나섰다.

그러던 어느 날 갑자기 예언 사역도 하시고 유명한 부흥사이기도 한 목사님이 예고도 없이 우리 부부를 찾아오셨다. 갑자기 찾아오게 된 것은 하나님의 뜻을 전하기 위함이라는 이유를 밝히고 하나님 뜻을 전하셨다.

그 분 말씀으로는 내가 받은 사명은 그 누구도 막을 수 없고 막아서는 안 되는 여 사사였고 선지자였던 드보라 같은 특별한 사명을 받은 분이고, 마지막 시대에 하나님의 뜻을 전하는 예언사역자로 세우심을 받은 분이므로 절대 안수받는 일을 방해해서는 안 된다. 김 목사님이 도우셔서 꼭 안수받아 목사 되게 해야 한다고 간곡히 부탁하며 하나님의 소명을 받은 사모님이라는 말을 힘주어 말씀하시고 떠나셨다. 상상조차 할 수 없었던 순간이었다. 꽉 막혀 길이 보이지 않았던 막막한 상황에 한 줄기 빛과 같았다. 그 일로 이 모든 일이 하나님의 뜻임을 알게 되신 김 목사님께서 앞장서서 안수받게 하여 여목총회에서 안수를 받았고 통합 측 교회에서 최초로 여성 목사가 나오게 되었다. 통합 측에서 여성 안수를 금하고 있을 때 여 목사가 나오는 일이 일어나자 처음에는 논란이 많이 일어났으나 나를 통해 하나님께서 기적 같은 많은 일을 행하시는 것을 보고 통합 측에서도 한 걸음 물러서고 얼마 후 여기저기서 하나님이 하시는 일을 누가 막을 수 있으며 하나님께서 기뻐 쓰시는 종을 누가 간섭할 수 있겠느냐는 말이 떠돌기도 했다.

이 모두 하나님이 하시는 일이기에 가능했던 기적의 역사였다. 하나님께서 역사하지 않으셨다면 나는 아무것도 이룰 수 없는 무능하고 초라한 불쌍한 인생이 되었을 것이다. 이 모두 하나님이 하신 일이기에 다시한번 나의 나 된 것은 무조건 주님의 역사였다고 신앙 고백하며 이 모든 영광을 하나님께 돌린다.

안수를 받은 후 청죽교회에서 상담 목사로 사역하게 되었으나 교회에서의 활동은 삼가고 주로 밖에서 사모 세미나, 건강세미나, 강연, 간증, 주일 대예배 전도 집회, 부흥회를 인도하는 강사로 활동하였다. 청죽교회에서 일하는 것은 가능한 피하였고 사례비도 받지 않았다. 그 이유는 교회에 매인 몸이 되면 하나님의 뜻을 따라 일하는 데 방해를 받을 것 같아 그리하였는데 지금도 생각해 보면 그렇게 하기를 잘했다는 생각이 든다.

나를 통해 수많은 영혼을 구원하고 생명을 살리는 역사가 있게 될 것이라고 하신 말씀대로 수많은 영혼을 구원하고 생명을 살리는 기적 같은 일이 일어나게 하셨다. 그것은 주님께서 나를 무기로 쓰시려고 허락하신 일이었기에 가능한 일이었다. 나는 성령님의 감동하심과 지시하심이 없을 때는 능력이 나타나지 않았다.

한 번은 감동하심과 지시하심이 없을 때 병으로 고통당하고 계신 강 목사님과 목련회 목사님의 사모님들이 딱하여 병 고치는 은사만 믿고 몇 분을 고쳐주려다가 망신만 당한 일이 있었다. 병 고침의 역사가 전혀 나타나지 않자 너무 민망하고 부끄러웠었다.

하나님께서 나는 주님의 무기이기 때문에 주님의 허락하심이 없이는 그 무엇도 절대 해서는 안 된다는 것을 깨닫게 하셨고, 반드시 순종만 있어야 함을 따끔하게 깨우쳐 주신 일이었다.

반면 성령님의 역사하심과 지시하심을 따르게 될 때마다 믿어지지 않는 기적이 일어나게 하셨다. 순종하기만 하면 불가능을 가능케 하셨고 이적을 보게 하셨다. 손만 대도 불치병들이 고침받게 하셨다. 나는 이때 경험을 통해 순종만 해야 함을 확실하게 깨달을 수 있었다.

〈 나의 실수로 인한 아픔들 〉

젊었을 때 육모상피암과 백혈병으로 죽었다가 깨어난 후 결심한 것이 있었으니 만민에게 복음을 전파하여 구원해야 한다는 것과 사랑하는 부모 형제들과 사랑하는 사람들 다 구원시켜 절대 지옥에 떨어져 끔찍한 형벌을 받게 해서는 안 된다는 것이었다. 그러기 위해서는 믿는 자답게 아름다운 거룩의 열매를 맺으며 하나님이 살아계심을 나타내 보이며 구원받는 자답게 은혜에 합당하게 살아야 한다는 것이었다. 그래서 어려움 중에도 양심의 가책을 받지 않기 위해 나 자신을 포기하고 그렇게 살려고 힘썼고 옳은 행실로 살고 있다고 믿고 있었다.

그런데 돌아보니 그렇게 살지 못했던 부끄러운 내 모습을 볼 수 있었다.

개척과 건축을 두 번이나 했고, 또 만나 선교회를 도우려다 덫에 걸려 이자 줄 돈도 없어 전전긍긍해야 하는 최악의 경제적 어려움에 부딪혀 있을 때 설상가상으로 역경을 겪어야 했던 견디기 힘든 최악의 고통의 시기도 있었다.

마땅히 해야 할 자식 된 도리도, 형제의 도리도, 최소한 인간의 도리도 할 수 없었던 막막했던 그 시절 마땅히 딸도 자식이니 부모님께 효도해야 하고 함께 짐을 나누어야 한다는 사실을 너무 잘 알면서도 아무것도 할 수 없었던 그때 그 아픔, 그 절망을 우리 주님은 아실 것이다. 죽고 싶은 심정이었다. 버스 탈 차비가 없어 우리 부부가 먼 길을 울며 걸었던 사실을 누가 알겠는가? 그러나 하나님은 아신다 하시니 위로받을 뿐이다.

그런데 거기다가 불순종으로 하나님의 채찍을 맞아 뇌출혈로 모든 것을 잃고 비참하고 초라하게 사는 모습을 보였으니 그 누가 예수를 믿어야 천국 간다는 내 말에 귀를 기울이겠는가? 초라하고 한없이 부끄러운 내 모습을 보고 누가 하나님을 믿고 싶겠는가?

전도는 우리의 아름다운 행실을 보이고 축복스럽게 사는 모습을 보여 감동받아 믿게 하는 것이 가장 아름다운 전도인데 나는 정반대의 모습만 보였으니 하나님이 얼마나 실망하시고 슬퍼하셨을까? 형제들이 내 모습을 보고 얼마나 실망하고 마음 아파했을까? 하는 생각만 하면 가슴이 찢어지는 아픔뿐이기에 회개하고 또 회개했었다.

형제들의 도움이 아니었다면 개척의 그림을 그릴 수도 없었을 것이고, 형제들의 희생적인 기도와 전도가 없었다면, 개척의 그림을 완성시키기 어려웠을 것이다.

그래서 너무 고맙고 미안하기도 하고 죄송스럽고 감사해서 형제들을 위해서 기도하는 것이 나의 일과가 되었다.

〈 영권(흑암의 세력) 〉

첫 임지에서 사역할 때 교회를 소개해 주셨던 남 목사님이 담임 목사님으로 계신 동광교회에서 부흥 집회를 한다는 소식을 듣고 남편과 함께 가고 있었는데 자기들도 따라가서 은혜받고 싶다는 청년 교사와 장로 부인인 권사님과 함께 가게 되었다.

소문대로 은혜로운 집회였다. 회개하는 사람들, 방언 받는 사람들이 많이 있었다. 따라온 청년 교사도 눈물, 콧물을 흘리며 회개하더니 방언 은사를 받아 모두 기뻐했었다. 그런데 함께 기뻐할 줄 알았던 권사님은 방언 은사는 시시한 은사라고 말하며 빈정거렸다.

자기는 시시한 방언 은사는 안 받고 예수님처럼 영권을 받겠다고 하는 권사님이 이해가 안 되어 쳐다보게 되었는데, 권사님의 얼굴이 흉측하게 변하더니 팔짱을 끼고 앉은 자세로 공중까지 뛰어오르는 괴력을 보였는데 그것은 흑암의 세력에 붙잡힐 때 나타나는 현상이었다. 이 일로 은혜로웠던 집회가 중단되어 남 목사님께 너무나 미안하고 죄송스러워 전전긍긍하고 있었는데, 또 흉측한 모습을 한 권사님이 남아서 기도하고 있는 성도들에게 달려가 머리를 두드리자 그들도 변하여 "꽥꽥" 짐승 소리를 내며 뛰어다녀 교회가 아수라장이 되었다.

우리가 가자고 한 것은 아니지만 우리에게 책임이 있어 절제시키려고 내가 뛰어들어 권사님과 함께 쓰러졌는데 이때 권사님의 흉측한 얼굴이 변하더니 흰 거품을 흘리고 본래의 모습으로 회복되었다.

이 광경을 목격한 영권이 강하다고 소문이 나 있었던 순천 별남 교회에서 오셨다는 사모님이 나를 보더니 "아! 참으로 놀라우신 권세와 능력을 받으셨군요! 저절로 알아지는 영적인 지혜와 지식을 받으셨군요!" 놀라워하면서 "이런 영권은 아무나 받을 수 있는 능력이 아니므로 잘 간직하고 크게 쓰임 받으셔야 합니다."고 간곡히 부탁하고 떠나셨다. 당시만 해도 영적 지혜와 지식, 능력과 권세를 받으셨다고 하실 때만 해도 잘 이해가 안 되었는데 그 후로 사역하면서 저절로 알아지는 영적 능력으로 인하여 사역에 많은 유익이 되었다.

〈 임종을 앞둔 할머니의 절규 〉

우리 집 앞집에 돈 많은 돈놀이하는 할머니가 사셨다. 내가 중학교를 다닐 때였는데, 이 할머니가 임종을 앞두고 무척 힘들어하신다는 소리를 들었다. 어느 날 학교를 다녀오는 길이었는데 할머니가 악을 쓰고 고함을 치는 소리에 놀라 찾아가 보았더니 머리를 산발하고 눈이 충혈되고 입이 부르튼 고통스러운 모습을 하고 계셨다. 많은 사람이 웅성웅성 모여 보고 있었고 할머니는 환상을 보셨는지 꿈을 꾸셨는지 알 수는 없지만, 지옥의 참담한 모습을 보신 것 같았다.

그리고 자기를 지옥으로 끌고 가려는 지옥의 사자를 만났는지 벌벌 떨면서 "나는 지옥은 싫어! 지옥은 안 갈 거야! 가기 싫어!!" 악을 쓰면서 절규하고 있는 모습은 참으로 눈 뜨고는 볼 수 없는 끔찍하고 안타까운 모습이었다. 참으로 가엾고 불쌍하기만 했었다. 그리고 그 와중에도 두 딸을 부르며 "너희들은 꼭 교회에 나가 예수 믿고 구원받아야 한다! 꼭 예수 잘 믿고 천국에 가야 한다!"고 간절하게 두 딸에게 부탁하고 돌아가셨다.

이 일로 천국 가기 위해 예수 믿고 교회 다니겠다고 하는 사람들이 많이 생겼다. 그래서 객사리 우리 동네는 어머니가 부지런히 전도해도 교회에 안 가던 사람들이 하나, 둘 교회에 나가는 놀라운 일이 일어났다.

〈 신들린 여인 〉

 그리고 또 다른 방법으로 교회에 나가게 된 가정이 있었다. 대나무 장사를 하여 큰돈을 번 사장의 부인이 아무리 전도를 해도 대꾸도 안 하고 도도하기만 했었다. 그런데 희한한 귀신들림으로 신내림을 받아야 한다 하니까 무당과 점쟁이가 되기 싫다고 자기 발로 예수 믿겠다고 찾아온 가정이었다. 그리고 실제 교회를 나온 후론 신들려 무당이 되지 않아도 괜찮아졌고 깨끗이 치료되었다. 이일은 하나님의 능력과 권세가 얼마나 큰 것인가 교훈이 되는 사건이었다.

 그 후론 아무리 전도해도 꿈쩍도 안 하고, 예수를 믿는 예수쟁이들은 무슨 재미로 사는지 모르겠다며 교회를 다니는 사람들을 비웃고 비난하기 일쑤였던 동네가 점점 달라졌다. 예수 믿는 사람들이 그래도 뭔가는 다르다는 인식의 변화가 생기고 교회 다니겠다고 하는 사람들이 하나, 둘 생기게 되어 한 구역이 더 생길 것 같다고 천 목사님과 사모님이 기뻐하셨다.

〈 파수꾼의 사명 〉

 어느 주일 오후 예배가 시작하려 하는데 하나님께서 세미한 음성으로 "너는 파수꾼의 사명을 받은 목회자와 같은 사명도 있으니 장로들을 세워 장로의 사명이 무엇인지 깨우쳐 주라."하셔서 담임이신 남편 김 목사님께 이 사실을 알리고 허락을 받아 내가 에스겔 선지자처럼 파수꾼의 사명이 있음을 알리기 위해 갑자기 예고도 없이 강단에 선 적이 있었다.

그리고 하라시는 대로 먼저 등록하여 장로님이 되신 장로님 한 분을 서게 한 후 만약 어느 날 목회를 간섭하고 싶은 충동이 생긴다면 어떻게 하겠느냐고 물었을 때 "한 번도 그런 무서운 생각을 해본 적이 없었기 때문에 뭐라고 해야 할지 모르겠습니다." 하여 앉으시라고 하고 또 다른 장로님에게 만약 어느 날 갑자기 목회를 간섭하고 싶은 충동이 일어나면 어떻게 하겠느냐고 똑같은 질문을 하였을 때 "만약 그런 충동이 일어난다면 사탄아, 물러갈지어다 큰 소리로 물리치겠습니다"라고 하셨었다.

당시 나는 목사 사모였지만, 하나님의 뜻을 알리는 예언 선지자의 특별한 사명을 받은 사명자였기에 이런 일을 할 수 있었지만 절대 있을 수 없는 일이었고 절대 해서는 안 되는 일이었다.

〈 곤혹스럽고 난처했던 사건들 〉

어느 날 새벽기도 중에 희미한 환상을 통하여 이 집사 가정이 스스로 건축헌금이 부담되어 시험 들어 교회를 떠나려고 결심했다는 것을 알게 되었다. 동시에 그 친정어머니 최00 할머니께서 눕지도 못하고 앉지도 못한 상태에서 고통을 당하시는 것을 볼 수 있었다. 그리고 나를 통해 치유역사가 나타나고 교회를 떠나려는 마음을 돌이킬 수 있음을 알게 되어 이 사실을 급히 담임이신 김 목사님께 알리고 서둘러 심방을 가게 되었는데, 알게 하신대로 이 집사님은 시험에 들어 우리 심방을 반가워하지 않으며 마지못해 문을 열어주고 혼자 들어가 버렸다.

최00 할머니 방에 가서 예배를 드리고 나올 때까지 이 집사님은 방에 들어오지도 않고 팔짱을 끼고 서 있었는데 참 굴욕스러웠다. 예배를 다 마치고 집으로 돌아가려 하는데 "다시 들어가 네가 다시 예배를 인도하고 안수하면 해결되리라"는 알게 하심이 있었다.

사모가 담임목사 앞에서 안수를 해야 한다니! 몹시 당황스러운 일이었고 있을 수 없는 일이었다. 있어서도 안 되는 일이었다. 참으로 곤혹스럽고 난처했지만, 하나님이 시키시는 일이니 어찌하겠는가? 하여 모기만 한 소리로 "다시 들어가 예배드리래요. 그러면 시험에서 건져주신다고 하시네요." 겨우겨우 말했는데 뜻밖에 김 목사님이 "다시 안으로 들어갑시다. 하나님의 뜻이니 순종합시다." 하며 죄인처럼 고개 숙이고 있는 나를 이끌고 다시 할머니 방으로 들어가 사모였던 내가 다시 예배를 드리고 안수하자 앉지도 눕지도 못하던 할머니가 거짓말처럼 일어나 "하나님, 감사합니다. 목사님, 사모님, 정말 고맙습니다." 하며 연신 절을 하자, 팔짱을 끼고 방에 들어오지도 않고 지켜만 보고 있던 이 집사님이 방으로 뛰어 들어왔다. 그리고는 무릎을 꿇으며 "목사님, 사모님, 잘못했어요. 목사님이 저에게 건축헌금을 내야 한다고 말씀하신 적도 없었지만, 스스로 시험이 들었습니다. 몇몇 성도들이 함께 교회를 떠나려고 했는데 사모님이 전에 성령의 예언을 통해 하나님의 교회를 세우는 일에 동참할 수 있는 것이 얼마나 큰 축복인가를 깨닫게 하셔서 떠나지 않다가 또 시험이 들었습니다. 그래서 다시 떠나려고 했는데 이제는 정말 깨닫게 되었습니다. 정말 잘못했습니다. 용서하십시오. 그리고 어머니를 고쳐 주셔서 정말 고맙습니다. 이 은혜를 절대 잊지 않겠습니다. 두 아들까지 데리고 함께 청죽교회로 나가겠습니다."라고 말 한대로 두 아들까지 데리고 나왔었다. (최00 할머니에 관한 일은 당시 다비다 회원들도 아는 일이다.)

특별한 사명을 받았기에 내 자신도 이해할 수 없을 때가 많았는데 담임이신 김 목사님은 참으로 곤욕스럽고 난감하셨을 것이라고 미루어 짐작이 간다.

또 한 예로 성도 가정에 심방을 가려면 전화하여 언제 심방 가면 좋겠느냐고 물어 준비할 기회를 드리고 담임목사님이 준비한 후에 시간 맞춰 예배를 드리러 가는 것이 상례이다.

그런데 사모인 내가 서둘러 아무 연락 없이 무조건 급히 가야 한다고 재촉하면 담임 목사님 입장이 어떠하실까 짐작이 가지만, 어찌하겠는가? 건축을 앞에 두고 이런저런 일로 성도들이 떠날 상황인데 한 가정이라도 가지 못하게 하시려고 하나님이 알게 하신 일임을 알기에 예의는 아닌 줄 알면서 연락 없이 이 집사님 가정을 방문하였다. 아무도 모르게 이사 가려고 이삿짐을 싸고 있던 부부가 놀라 이 집사님은 방으로 뛰어 들어가 버리고 거실에 혼자 남은 임 권사님도 전전긍긍하고 있었는데 내 입에서 "사람이 태어나면 서울로 보내고 말이 태어나면 제주도로 보내는 것인데 어찌 사람이 말처럼 제주도로 가려고 하느냐.”는 예언이 터져 나왔다. 이에 놀란 이 집사님이 뛰어나오면서 “목사님, 사모님 잘못했습니다. 서울에서 되는 일이 없어 여러 곳에 가려고 알아보고 가려고 할 때마다 사모님께서 라면 끓여 먹는 어려움이 있더라고 청죽교회 사명 있으니 떠나면 안 된다고 하셔서 참고 견디려 했었습니다. 그런데 도저히 감당할 수 없어서 좋은 조건으로 제주도에서 오라는 연락을 받고 두 분께 죄송하여 알릴 수 없어서 아무도 모르게 이사하려고 짐을 싸고 있었습니다. 이 일은 임 집사와 저밖에 모르는데 어떻게 아셨어요? 잘하셨습니다. 너무 힘들어 이사하려고 했는데 또 깨우쳐 주셔서 감사합니다. 아마 연락하고 심방 오셨다면 그때는 집에 없었을 것입니다. 하마터면 또다시 큰 죄를 질 뻔했습니다. 목사님 사모님 말씀대로 청죽교회를 지키는 충성스러운 일꾼으로 살겠습니다.”라고 고백한 바 있었다. 그래서 연락하지 말고 심방 가야 한다고 할 수밖에 없는 내 입장을 부디 너그러이 이해해 주시길 바라는 마음뿐이었다.

나도 신학을 공부했으니 사모가 그래서는 안 된다는 사실을 너무 잘 알지만, 교회를 지켜야 하는 사명 때문에 참으로 곤욕스럽고 민망한 일을 할 때가 많았고 그럴 수밖에 없는 나 자신도 너무 힘들고 고통스러웠다. 이런 쓰리고 아픈 마음을 하나님은 아시리니 그저 하나님만 믿고 의지하며 내가 가야 할 사명의 길을 달려갈 뿐이다. 그것이 하나님이 기뻐하신 뜻이니 어찌 거역할 수 있겠는가? 참으로 가기 힘든 고달프고 거칠고 아픈 사명의 십자가 길인 것 같으나 한편으로는 나 같은 것을 쓰시는 하나님의 은혜이기에 그저 감사한 마음뿐이다.

그런데 이런 비슷한 일들이 여기저기서 계속되다 보니 소문이 나서 교회는 뜨겁게 부흥되었으나 우리 부부는 갈등, 아픔이 계속되었고 급기야 터지게 된 것이다.

어느 교회에서 이런 일이 있을 수 있겠는가? 있을 수도 없고 있어서도 안 된 일이었다. 그러니 담임목사님이었던 김 목사님이 어찌 되었겠는가?

묻지는 않았지만 미루어 짐작이 가는 일이었으니 죄인처럼 힘들게 하나님의 일을 하고도 고개 숙인 여자로 살아야 했었다.

〈 무서운 불순종 〉

하나님께서는 나에게 특별한 사명을 주셨으니 재림의 때가 왔음을 알리는 강하고 담대하게 외치는 자의 소리가 되라 하셨고, 청죽교회를 개척하여 개척에 성공하고, 교회 건축까지 성공적으로 해야 하고 청죽교회를 지키라는 사명을 주셨다.

이 사명 때문에 개척에 성공하게 하셨고 극성스러운 주민들의 방해에도 불구하고 무사히 건축까지 하게 하셨다. 그리고 사모였던 나를 목사까지 되게 하시고 청죽교회와 성도를 지키는 파수꾼의 사명을 잘 감당하여 하나님의 뜻이 이 땅에 이루어지도록 해야 한다고 간곡히 부탁하셨다.

이 일을 알리기 위해 오래전 주일 오후 예배 때 갑자기 일일 부흥회를 하게 하셨고 〈 파수꾼의 사명 〉이라는 제목으로 설교하게 하셨다.

그런데 이런 막중한 사명을 받은 사명자가 남편 김 목사님을 통해 "당신 때문에 더 이상 목회 못 하겠다!"는 말을 들었다. 그 한마디에 시험이 들어 '남편과 청죽교회를 위해서는 내가 떠나는 것이 좋겠구나.' 핑계를 대고 아무 말 없이 청죽교회를 떠났던 감히 하나님의 명령을 거역한 불순종의 죄를 저지르고 말았다. 그렇게 좁은 마음으로 어떻게 대업을 이룰 수 있었겠는가? 부끄러운 나의 모습이었다.

얼마나 힘들었으면 신사 같고 선비 같다고 소문이 난 남편이 그랬을까? 입장을 바꿔 놓고 생각하는 마음이 있었다면 하나님이 가장 싫어하시는 불순종의 죄를 저지르지 않았을 것이다. 사단, 마귀 악한 영들이 나를 쓰러뜨리기 위해 수단과 방법을 가리지 않는다는 사실을 너무잘 알고 있으면서도 사단의 덫에 걸려 무서운 시험에 빠져 힘없이 넘어지고 말았다.

사모가 사명이랍시고 앞에서 설쳐대니 얼마나 곤혹스럽고 힘들었으면 "당신 때문에 더 이상 목회 못 하겠다"고 하셨겠는가?

내가 남편 담임목사님의 입장을 생각하여 하나님께 지혜를 구하며 현명하게 처신해야 했었다. 그런데 내가 목회에 도움이 되는 일도 있었겠지만, 하나님 말씀에 순종한다면서 결국 담임이신 김 목사님의 의욕을 상실하게 하는 오류를 범하고 말았다.

사모 세미나를 인도하면서 힘주어 강조한 말이 있었으니 남편 목사님에게 사모 때문에 목회 못 하겠다는 말을 들어서는 절대 안 된다는 말이었다.

그것은 창조적이고 아름다운 영향을 끼쳐야 하는 사모가 아닌 파괴적이고 치명적인 악한 영향을 끼치는 사모임을 말해주는 것과 같은 것이므로 절대 그런 말은 들어서는 안 된다는 말이었다.

그런데 내가 남편으로부터 "당신 때문에 더 이상 목회 못 하겠다."는 말을 들었다는 것은 내 인생은 실패했다는 말이기도 했기에 벼락을 맞은 것 같았고, 그래서 힘없이 넘어지고 말았다.

목회에 큰 도움을 주고 있다고 믿었는데, 연약한 인간이기에 너무 지치고 힘들어도 젖 먹는 힘까지 내어 도왔는데 그게 아니었다니! 하늘이 무너진다는 소리를 실감할 수 있었다. '이럴 수가 있는가!' 내 인생을 송두리째 흔드는 청천벽력 같은 말이었다. 더 이상 청죽교회에 있어서는 안 되겠구나! 결심하고 뒤도 안 돌아보고 청죽교회를 떠나고 말았다.

지금까지 부족한 나를 믿고 따라주셨던 내 가족 같고 내 생명과도 같은 성도님들께 그동안 참으로 고마웠다고 감사했다고 한마디 말도 못한 채 교회를 떠나 정처 없이 방황하였다. 기쁨과 감사를 잃어버리고 의욕도 상실하고 살 소망이 끊어진 채 어둡고 캄캄하여 앞이 안 보였던 영적 암흑시대와도 같았던 삶을 살았던 그 시절 그 아픔은 오직 우리 주님만 아실 것이다. 하나님은 이런 나를 무섭게 책망하셨을 텐데 아무 말씀이 없으셔서 더 불안하고 두렵기만 했었다. 하나님이 침묵하시는 것은 무엇을 의미하는 것인지 너무 잘 알고 있었기에 지옥에서 형벌을 받는 것 같았다.

그리고 얼마 후 하나님으로부터 불순종의 채찍을 맞아 뇌출혈로 모든 것을 다 잃게 되어 아무것도 할 수 없었고, 두고두고 뼈아픈 후회가 계속 나를 괴롭혔다. 나보다 더 아파하실 주님을 생각하며 회개의 눈물만 흘리며 절뚝거리는 내 모습이 싫어서 동굴을 만들어 숨고 딸의 도움을 받으며 병원만 다니고 있었다.

용서받을 수 없는 무서운 불순종의 죄를 저지른 죄인이기에 버림받은 줄 알고 울고 살았는데 오랜 세월이 지난 후 사랑의 주님께서 네가 흘린 회개의 눈물을 보았다 하시며 여전히 나의 사랑하는 딸 내가 기뻐하는 종이라 불러주시며 다시 쓰시겠다 하신 주님은 사랑이셨다.

아무리 어려운 형편 중에서도 작으면 작은 대로 나누는 삶을 위해 힘썼더니 지극히 작은 것을 크게 보시고 큰 은혜로 갚아주셨다. 나에 나된 것은 무조건적인 주님의 은총의 역사였다.

이 모든 영광은 주님께서 주신 것이기에 주님께 바칩니다. 영원토록 영광 받으시기에 합당하신 주님께서 받으시옵소서. 나의 신랑 나의 주님 나의 예수님!

아멘, 주님 감사합니다.

〈 하나님께서 주신 꿈과 소망 〉

오래전부터 하나님께서 주신 소망이 있었으니 첫째로 청죽교회에서 부교역자로 사역한 바 있는 목사님들 중에서 후임으로 청빙하는 것이었다. 그리하여 명하신 대로 하려고 하였는데 담임목사 청빙은 청빙위

원회에서 할 일이었기에 내가 관여할 수 없었다.

두 번째 갖게 하신 꿈과 소망은 우리 아이들이 외국으로 입양되는 것을 우리나라에서 입양하도록 한국교회가 이 일에 관심을 갖고 앞장서야 한다 하심이었다. 그리고 바로 미국 선교사 허철선 목사님을 만날 수 있었고, 자기 아이들이 셋인데 세 명을 입양하여 차별 없이 여섯 명의 아이들을 훌륭하게 키운 감동적인 모습을 보게 되었다.

이어 어느 시골교회 젊은 목사님 부부가 다섯 명의 아이들을 입양하여 훌륭하게 키운 것이 화제가 되어 다큐멘터리로 〈산골에 사는 아이들〉이라는 제목으로 TV에서 방영하여 입양 문제를 다루며, 우리 가엾은 아이들을 외국으로 입양 보내는 것보다 우리나라에서 입양하여 훌륭히 키워야 한다는 말이 있었다. 그리고 이 일에 교회가 앞장서게 되고 목사 가정에서 본을 보여 입양하는 일이 있게 되었다.

나 또한 목사 가정에서 책임을 져야 할 것 같아서 입양하려고 했는데 김 목사님이 '만나선교회'를 도우시려다 덫에 걸려 이자 돈도 줄 수 없어서 입양하기 어려워 고뇌한 적이 있다. 우리 자녀들도 이런 저런 사정에 의해 할 수 없었지만, 이것은 우리 아이들은 우리나라에서 입양해야 하고 교회가 이 일에 앞장서야 하고 특별히 목사 가정에서 본을 보여 입양하여 허철선 선교사님처럼 자기 아이들과 차별 없이 예수 마음으로 사랑으로 훌륭하게 키우는 것이 우리를 향하신 하나님의 소망이었다.

〈 안 믿는 의사를 통해 깨우쳐 주시는 하나님의 은혜 〉

절뚝거리는 내 모습이 너무 싫어서 스스로 골방을 만들어 숨고 아무도 만나지 않고 아무 곳도 가지 않았지만, 혹시 현대의학으로 내 절뚝거리는 다리를 고칠까 해서 남편 김 목사님과 함께 삼성병원을 찾아갔다. 삼성병원 의사들이 죽지 않고 살아있는 나를 보고 기록된 검진내용을 살펴보고 또 살펴보고 묻고 또 물었다. 그리고는 고개를 갸우뚱하며 믿어지지 않는지 이런 일은 있을 수 없는 의학상식을 뛰어넘는 기적 같은 일이라고 말하면서 심한 뇌출혈 환자가 뇌수술하지 않고는 살 수 없는데 믿어지지 않는 사건이라고 말했다. 그러면서 다리를 고칠 방법이 있는가 하고 도움을 받고 싶어 찾아온 내게 호통을 치며 "조금 다리를 절면 어때요? 휠체어를 타지 않고 자기 발로 걸을 수 있는 것만으로 감사할 일 아니에요? 감사하게 생각하며 살아요! 더 욕심부리지 마세요! 뇌출혈 환자가 수술하지 않고 사는 사람은 지금껏 없었습니다. 살아있다는 그것으로도 감사하세요!"

도움받으러 삼성병원까지 찾아갔다가 도움을 받기는커녕 호통만 듣고 왔는데 그것은 하나님께서 감사할 줄 모르는 나에게 하나님을 안 믿는 의사들을 통해서 깨우쳐 주시는 것 같았다. 그래서 정신이 번쩍 들게 되었다.

이 같은 일은 다른 병원에서도 그와 비슷한 말을 했다. 뇌경색 같은 희한한 뇌출혈이었다고, 이해가 안 가는 의학을 뛰어넘는 기적 같은 일이라고 가는 병원마다 동일하게 그런 말을 들을 수 있었다.

그래서 의사들이 있을 수 없는 일이라고 하며 믿어주지도 않는데 분명 뇌출혈로 연세대 병원에서 수술까지 하려고 했는데 뇌출혈 환자가 수술하지 않고 살 수 없다 하는 의사와 다투고 싶지 않아 그 후부터 뇌경색으로 쓰러졌다고 말하게 되었다.

그동안 절뚝거리는 내 모습이 부끄럽고 싫어 숨어 지내던 일들을 생각하며 내가 얼마나 하나님의 은혜를 저버리고 감사하지 못했는가 깨달아 회개했다. 하나님께서 자만하지 않도록 내 육체에 가시를 주셨음을 깨달았기에 초라하고 부끄러웠던 내 모습이 지금은 부끄럽지 않게 되었다. 그리고 초라한 내 모습 이대로이지만, 하나님의 은혜임을 깨닫게 되었다.

〈거지 같은 신부〉

남정규 목사님 소개로 사귀고 있었던 김경곤 강도사님 어머니께서 위암으로 누워계셨는데 막내아들 결혼식만은 보고 싶다고 하셔서 오빠 사업실패와 여러 가지 사정으로 결혼할 형편이 안 되었지만, 부득이 결혼하게 되었다.

어머니께서 아무리 형편이 어려워도 인사옷은 드려야 한다며 비단 집에서 외상으로 준비해 주셨는데 그러나 나는 그렇지 않아도 고생만 하시는 어머니에게 짐을 드릴 수 없어서 비단 집에 도로 갖다 드렸었다. 이 일로 시댁 동네 아낙네들은 신부가 거지같이 아무것도 안 가지

고 왔다고 수군거려 울며 살았었다,

그러나 시댁 어르신들은 참 좋은 분들이라 괜찮다 위로하시며 김장 때가 되어도 밖에서 일하지 말고 방에서 조카들 영어나 가르치라고 배려해 주셔서 편하게 살 수 있었다.

그리고 친정 동네에서는 이 소문이 나 천사 같은 처자라며 칭송하는 소문이 돌자, 꼴찌만 하여 나를 부끄럽게 여기시던 아버지께서 변하여 천사 같은 옥자는 내 딸이라고 자랑하고 다니셨다고 하였다.

그런데 훗날 알고 보니 주님께서 내 희생을 능력이 되게 하사 나를 쓰시는 이유 중에 하나가 되었다는 사실을 알게 되었다.

하나님께서 일일이 나를 지켜보고 계셨으며 부끄럽던 내 이름을 빛나게 하셨다. 나의 사랑 나의 하나님이셨다

〈 첫 임지에서의 나의 실수 〉

남편이 첫 임지에 강도사로 부임해서 생활비 오천 원을 받았다. 그런데 당시 만 원을 받아야 목사로서 인정받은 시대였기에 생활비를 올려서 만 원을 주신다면 오천 원은 헌금으로 드리겠다고 제안한 일이 있었다.

내가 융모상피암과 백혈병으로 광주제중병원에 입원하고 있었을 때였다. 마치 약속이나 한 것처럼 성도들이 병문안 한 번 오지 않았고, 후에 사과를 조금 가지고 몇 명이 병문안 왔었는데, 그것조차 자기들의

돈으로 사지 않고 교회 회계부에서 타서 사 온 것임을 우연한 기회에 알게 되었다. 성도들에게 실망하여서 빨리 다른 교회로 떠났으면 하는 인간적인 바램을 갖고 있는 터에, 입원하다가 잠깐 집에 들러 잊고 가져가지 않았던 물건을 가져가려고 준비하고 있다가 버스 탈 돈이 없어서 걸어서 20리나 되는 교회에 가게 되었다. 마침 교회가 건축 중이었기 때문인지 자주 우리 부부가 사용하고 있었던 방에 성도들이 모여 의논한 것 같아서 난 옆에 붙어있었던 성미 등을 모아놓고 사용하고 있었던 창고로 쓰는 방에 너무 피곤하고 힘이 들어 누워 있다가 잠이 들었다. 그런데 귀에 익은 목소리가 "만약 강도사님께 만원을 드렸다가 오천 원을 헌금으로 내놓지 않으면 어떻게 하려고 만 원을 드리려고 하느냐?"는 소리에 놀라 깨어 들어보니 남편이 만 원 주시면 오천 원을 헌금하겠다고 한 일에 대해 반대하는 권사님 목소리를 듣게 되었다. 목회자가 신뢰받고 존경받고 있지 않다는 증거이기도 하여, 잘되었다 싶어 이 사실을 강도사였던 남편에게 말해버렸다. 그것은 순전히 나의 실수였고 부덕한 사모의 부끄러운 소치였다.

사모는 어떤 이유로든지 말을 가려서 해야 한다는 것을 어렸지만 알고 있었는데, 안 믿는 사람들보다 못한 성도들의 모습을 보면서 이런 교회에서 함께 살 자신이 없어서 말해서는 안 될 말을 사실 그대로 남편에게 전해, 대쪽 같았던 남편은 이렇게 신뢰받지 못한 교회에서 목회할 자신이 없다고 사표를 내어 이사를 오자마자 다시 이사하게 되었다.

이때 만 원을 드리고 오천 원을 헌금으로 내놓지 않으면 어떻게 하려고 만 원을 드리겠다고 하느냐고 강하게 반대했던 권사님이 내 귀에 대고 말하기를 "사모님 다른 교회에 가시면 지금처럼 말실수하지 마세요." 잘 가라는 말은 고사하고 따끔하게 충고하는 소리를 들으면서 나도 말실수하였지만, 성도들 또한 육에 속한 그리스도인이었기에 피차 상처를 주고받았다는 사실을 깨닫게 되었다.

〈 사모의 자리 〉

사모의 사명은 기름 부어 세움을 받지는 않았지만, 담임목사와 가장 가까운 동반자이고, 함께 십자가를 지고 가는 운명을 같이하는 사명자이다. 남편과 함께 하나님의 뜻을 이루어야 하는 사명이지만 전문적인 사역자도 아니고, 교회로부터 어떤 직분도 인정받지 못한 어찌 생각하면 집사 직분도 없는 그저 그렇고 애매모호 하고 아무것도 보장받지 못한 자리가 사모의 자리가 될 수도 있다.

나는 사모가 되면 대접받고 호강 받을줄 알았다. 남편과 결혼하여 강도사 사모가 되어 첫 임지를 갔을 때 사모의 자리는 대접받고 호강 받는 자리가 아니라 자칫하면 상처받고 깨어져 소외되기 쉬운 아주 위험천만한 자리가 사모의 자리임을 깨닫게 됐다.

어린 사모였고 사모의 사명이 무엇인지 어떤 역할을 해야 하는지 몰라 잘한다는 것이 실수만 연발하다가 성도로부터 무시 받고, 가난하다고 무시 받았다. 아무것도 모르는 어린 사모였기에 어느 장단에 맞춰 춤을 추어야 할지 몰라 실수만 연발하다가 내 흉을 보는 재미로 사는 것처럼 보였던 성도들이 했던 일이 있었다. 그것은 육에 속한 그리스도인으로 하나님을 믿으면서도 물과 성령으로 거듭나지 못한 안 믿는 사람과 다름없는 어떤 면에서 안 믿는 사람보다 더 악한 일을 저지르고도 회개할 줄 모르는 성도들의 모습이었다. 또 부끄러운 나의 모습도 볼 수 있었다. 그래서 복음주의자들이 왜 육에 속한 그리스도인들은 추태스러운 그리스도인이라고 말했는가를 알 수 있었다.

그러다가 질병과 가난으로 연단받고 기도하다가 성령의 불을 받아 눈물, 콧물 흘리며 회개하며 성령체험하고 방언의 은사를 받게 되었다. 영의 세계에 눈이 떠져서 사모가 아무나 지켜주지 않는 자리라면 사모 스스로 지켜야겠다는 새로운 깨달음을 얻어 나는 비록 알지 못해 당한 아픔을 후배 사모님들에게는 나와 같은 아픔을 주어서는 안 된다고 생각하여 〈사모학〉을 쓰겠다고 결심하게 되었다. 첫 임지에서 아픈 경험을 담아 다시는 이 같은 상처를 받지 않으려고 기도하고 연구하게 되었다.

두 번째 사역지로 간 00교회는 산과 무덤으로 둘러싸여 논 한 가운데에 위치한 전형적인 산골교회였다. 오지의 느낌을 물씬 풍기는 외부와 차단된 동네는 이조시대처럼 성차별로 여성들은 그야말로 몸종처럼 인간 대접도 못 받은 채 천대받고 있었다. 그리고 하인들처럼 남자들이 식사하고 남은 음식을 바가지에 쏟아부어 부엌에서 쪼그리고 앉아 먹는 모습을 보고 기겁하였다. 그런데 더욱 놀란 것은 그 동네에 사는 수많은 여성이 그런 말도 안 되는 상황을 너무나도 당연히 여기는 그야말로 별천지 같은 마을이었다.

여자는 땅, 남자는 하늘로 여기는 풍습에 놀랐는데 더욱 놀랐던 것은 여전도회가 열리는 날이면 회장이 사모의 이름을 부르면 "예"하고 대답하고 앞으로 나가서 가지고 왔던 성미와 회비를 드리는 여전도회 회장만도 못한 대접을 받고 있었다.

또 부흥회 때나 교회 행사 때가 되면 부엌일을 사모들이 책임 맡아 식사를 제공해야 한다는 사실을 알았을 때 또 한 번 놀라지 않을 수 없었다. 나는 그렇게 할 자신도 없었다. 사모는 남편 목사를 보필해야 하는 내조자이지만 한편으로는 가장 가까운 동반자로서 하나님의 뜻을 이루어야 하는 사명의 동역자이고 또 다른 목회자이다. 나는 뭔가 바꾸어야 한다는 결심으로 많은 교회가 당연시하는 잘못된 일을 바로잡기 위해서 내가 이 일로 상처받고 깨어진 채 소외될 일이 생길지라도 교회의 악습을 후배 사모들에게만은 넘겨주지 않아야 한다는 사명감에 불타올랐다. 아무나 갈 수 없는 영광스러운 사모의 길을 걷도록 해야겠다는 결심으로 누군가 만들어주지 않으면 사모 스스로가 만들어 가야겠다고 결심했다.

그리하여 남편과 의논하고 도움을 청하여 여 집사님들이 두 명씩 돌아가면서 봉사하도록 하였고, 음식을 장만하는 자리에 있는 사모의 자리를 대접받는 자리에까지 끌어 올리는데 성공할 수 있었다. 그러나 그것은 자칫하면 상처받고 소외당하기 쉬운 아주 위험천만한 모험이었지만, 하나님께서 손을 잡아주시고 보이지 않는 곳에서 나를 이끌어 주고 붙들어 주셨기에 가능한 일이었었다.

이런 나의 작은 시도가 당시 힘들어했던 많은 사모들에게 위로와 격

려가 되었는지 많은 감사 편지를 받게 되었다.

이 일이 계기가 되었는지 사모님들이 사모로써의 긍지와 자부심을 가지는 모습을 보게 되어 정말 좋았다. 또한 사모들의 위상이 제대로 세워지는 모습에 가슴이 뿌듯했다.

그런데 놀랍게도 평생을 함께해야 하는 사모들의 고충을 모르는 목사님들이 있다는 것이었다.

사모의 길은 눈물이 아니면 갈 수가 없는 수난과 역경의 길이지만, 하나님이 세우신 교회를 위해 창조적이고 건설적인 아름다운 영향을 끼쳐야 하는 막중한 사명이며, 아무나 갈 수 없는 영광의 자리임을 알게 하신 하나님의 은혜가 있어 시도할 수 있었고 성공할 수 있었다. 또 첫 임지에서 받았던 아픔이 있었기에 가능한 일이었다.

많은 사모님이 새로운 각성이 일어나 교회 형편에 따라 창조적이고 건설적인 사모님들로 새롭게 태어나 옛날과 다른 대접들을 받게 되는 모습을 보여 주셔서 정말 감격스러웠다. 그러나 난 사실 별로 한 것이 없다. 다만 내가 상처받았던 첫 임지에서 결심을 하나님께서 하게 하셔서 위험천만한 일을 해낼 수 있었으니 그것은 하나님이 도와주시고 인도하셨기에 가능했던 하나님이 하신 일이었다. 다만 난 도구로 사용되었을 뿐이다. 그렇지 않았다면 아마 상처받고 깨어진 체 소외되었을 것이다. 이 모두 하나님이 하게 하신 일이기에 나의 나 된 것은 무조건적인 주님의 은총의 역사였다고 고백할 수 있는 이 순간이 참 행복하다. 하나님 감사합니다.

그리고 모든 사모에게 창조적이고 건설적인 영향을 끼쳐 하나님이 기뻐하신 빌라델비아 교회 같이 칭찬받는 교회를 남편과 힘을 합쳐 이루라 하셨다.

〈 동광교회 남정규 목사님 〉

내가 천기윤 목사님의 추천을 받고 신앙의 도움을 얻기 위해 달 성경학교를 찾았을 때 성경을 가르치고 계셨던 남정규 목사님을 처음 뵙게 되었다.

그리고 그곳에서 남자 청년은 회장, 여자는 부회장을 선출해야 한다고 투표하여 내가 부회장으로 뽑혀 자주 남 목사님을 찾아가 뵐 수 있었다.

그런데 남 목사님께서 가정 형편상 다니던 학교를 중퇴하고 마음을 잡지 못하고 목사님 사택에 자주 가 먹고 자고 했던 철없이 방황하기만 하고 초라하기만 했던 나를 귀하게 여기셨다. 그리고 목사님이 가장 아끼고 있는 후배였던 광주 서남교회에서 단독목회를 하던 지금의 남편 김경곤 강도사님을 소개해 주셨다. "내가 최고의 신랑감을 소개해 줄 테니 한번 사귀어 봐요." 하시며 호남 신학대학을 수석으로 졸업하고, 총동문회 회장이고, 설교도 잘하고, 마음씨도 곱고 착하고, 성실한 장래가 촉망되는 최고 신랑감이라는 김경곤 강도사님을 소개해줘서 결혼하여 옥과로 내려가 살게 되었다.

남정규 목사님께서는 네게 김경곤 강도사님을 소개해 주실 때 잊혀

지지 않는 명언 같은 말씀을 들려주셨다. 교제할 때는 사랑으로 만나게 되지만, 결혼하면 의무감으로 본분을 지키기 위해 힘써 가정을 지켜야 한다는 말씀과 나이가 들면서는 정으로 살게 된다는 말씀을 들려주시며 잘 살아야 한다고 간곡하게 말씀해주셨다.

그 말씀은 참으로 명언과도 같은 가르침을 주신 말씀이었다. 연애할 때 사랑만 있으면 다 될 것 같았지만 결혼하여 함께 살다 보면 허물이 보이고 서로 실망하고 후회된다. 이때 자칫하면 가정이 깨어지고 이혼할 수 있는 위기들이 얼마나 많은가? 그때 하나님 앞에서 서약한 약속을 지키기 위해서 힘쓰지 않고, 서로 부족한 것을 채워주고 도와주는 마음이 없다면, 허물을 감싸주고 덮어주는 따스한 마음이 없다면, 각각 다른 환경에서 자란 각각 다른 성격의 소유자가 어떻게 조화를 이루고 가정을 지키고 가족의 평화를 지킬 수 있겠는가? 이때 정말 남 목사님 말씀대로 부부의 도리를 지키기 위해 힘쓰지 않는다면 서로 양보하고 이해하는 마음으로 한걸음 물러서는 너그러운 마음이 없다면 지키기 어려운 자리가 아닌가. 그래서 이혼하는 가정이 줄을 잇고 있다는 놀라운 사실 앞에 목사님의 말씀이 큰 가르침을 주셨고, 또 좋은 신랑감을 소개해 주시고, 우리가 사역지를 옮길 때마다 필요적절하게 도움을 주셨던 목사님. 총회장까지 하셨으면서도 늘 변함없이 인간적이고 겸손하고 검소하고 친절하시고 소박하시고 변함없는 사랑을 주신 인생의 스승 같으셨던 참 좋은 목사님을 만나게 된 것은 내게 있어선 참으로 복된 일이었다.

〈 소망교회 이영근 목사님과 이덕순 사모님 〉

의정부 소망교회 이영근 목사님과 이덕순 사모님은 고 권사님이 의정부에서 사실 때, 고 권사님으로부터 소개받아 한번 집에 가서 축복 기도를 해달라고 하여 찾아갔는데, 이영근 목사님이 당시 장난감 공장 사장님으로 계실 때였다.

기도 중에 하나님이 크게 쓰실 종임을 알게 되어 종의 사명이 있다고 얘기했더니, 놀라운 일은 바로 공장을 처분하고 신학교에 다니면서 개척을 시작하셨는데 개척하면서 그 어려운 중에도 선교를 돕는 것을 보고 역시 특별한 사명을 받은 훌륭한 보기 드문 목사님과 사모님임을 알 수 있었다.

그리고 성전 건축을 하여 지금의 소망교회를 세우셔서 날마다 성도들이 모여 전도하는 모습으로 북적거리는 것을 보고 또 한 번 놀라움을 금치 못했다. 건축 후 교회의 재정적인 어려움 중에도 성도들이 힘을 합쳐 굶주리고 있는 아프리카, 세계에서 제일 가난한 나라, 그중에서 제일 못사는 마을에 가서 교회를 세우고 학교를 세워주고 빵 공장을 세워 굶주린 그들에게 배고픔을 채워주려는 이웃사랑을 실천하는 모습을 보고 놀라웠다.

참으로 선하시고 양심적이시며 한국교회가 미국 다음으로 선교를 많이 하고 있지만 이영근 목사님, 이덕순 사모님처럼 헌신적이고 희생적인 선교를 하는 교회는 아마 소망교회가 일등이 아닐까 생각한다. 두 분은 뛰어난 선교적 모범을 보여주신 훌륭한 목사님 부부였다. 뿐만 아니라 이영근 목사님은 총회장을 한 번 하기도 어려운 일인데 신임을 받아 두 번이나 하신 뛰어난 지도력을 보여주시고 양심적인 목사님으로 존경받고 있었다.

사모님은 젊은 시절에 배에 큰 몽우리로 고통받던 중 고 권사님의 권유로 우리교회 부흥회 때 참석하셨는데 하나님이 나를 통해 고침받게 해주신 일로 더욱 깊은 관계를 맺고 있는 가족 같은 분이다.

많은 세월이 흘렀는데도 그때의 은혜를 잊지 않고 만날 때마다 어려움 중에도 사랑의 봉투를 전해주시는 은혜로운 사모님이시기도 하다. 사명에 불타는 크게 쓰임 받은 사모님과의 만남은 어릴 적 동네 친구처럼 반갑다. 그래서 아픔도 눈물도 기쁨도 함께 나누는 동역자로서의 사귐을 갖고 있다. 두 분 모두 우리 부부처럼 특별한 사명이 있기에 악령으로부터 공격의 대상이 되고 있다.

지금은 마지막 시대이므로 자기들의 때가 얼마 남지 않음을 안 사단, 마귀, 악령들이 총동원되어 교회 말살 정책을 펼치려 하고 있기에 여기저기서 충동하여 우리 교회처럼 많은 고통이 따르리라고 미루어 짐작한다. 또 많은 성도가 시험에 들거나 혹은 악한 영들의 충동을 받게 될 것이다. 그러나 끝까지 하나님의 교회를 지키기 위해 힘쓰는 성도들은 우리 교회 성도들처럼 복을 받게 될 것이다.

성도는 절대 불의의 병기로 사용되어서는 안 되고, 어떤 유혹이 와도 핍박을 받고 억울해도 하나님의 교회를 지켜야 하며, 하나님의 교회 편에 서야 하고, 사역자 편에 서야 한다. 그리고 성전 건축에 동참하는 일은 큰 축복을 받을 기회임을 알아야 한다. 하나님의 교회를 세우고 돕는 일만큼 복된 일이 없다는 사실을 모르는 성도들은 건축헌금이 부담되어 스스로 시험에 들기도 하고, 인색한 마음에 시험이 든 성도들은 유혹을 받아 함께 교회를 떠나기도 한다. 이때 악한 영들의 음모가 있다는 사실에 주목해야 한다. 교회 말살 정책을 계획한 음모에 말려들지 말아야 한다. 인색한 마음이 생겨 스스로 시험에 들지 말아야 한다.

하나님의 교회를 건축하는 일에 동참할 수 있는 것은 항상 있는 것이 아니므로 아까운 마음으로 시험에 빠져 교회를 떠나는 어리석은 일은 하지 말아야 한다. 떠나지 않고 교회를 지키면 하나님이 복을 주며 축복스러운 인생을 살게 된다는 사실에 주목해야 한다. 축복의 기회를 놓치지 말아야 한다. 돈이 없으면 우리 교회 성도들처럼 몸으로라도 헌신하면 된다. 교회를 위해 기도하는 일만큼 큰 헌신이 없다. 그러므로 축복의 기회를 놓치지 말고 기도해도 되고 봉사하는 일을 찾아서 해도 된다. 하나님은 중심을 보시는 분이시기 때문에 많은 헌금만 기뻐하지 않으신다. 형편에 따라 최선을 다하면 된다.

그리고 어떤 경우에도 교회를 해롭게 하는 불의의 병기로 사용되지 않아야 한다. 그리고 하나님의 교회를 위해서 바치는 일에 인색하지 말아야 한다.

하나님은 심은 대로 거두게 하시는 하나님이시다. 불의의 병기로 사용되지 말아야 함을 엄히 경고하시고 심판하시겠다고 하셨다.

〈 동아교회 강창훈 목사님, 문경희 사모님 〉

동아교회 강창훈 목사님은 청죽교회 모범적인 교사였던 문경희 청년과 결혼한 후 교회를 개척하신 분이다. 사역 후 기도를 많이 하셨고, 교회를 크게 부흥시키셨다. 사모 세미나를 문경희 사모님과 함께 전국을 다니시며 인도하시고, 부흥사로 전국을 다니시며 목회도 성공한 부부 부흥사로도 유명한 분이시다.

정이 많고 사랑이 많으신 목사님과 사모님은 우리 교회를 떠나신 지도 오래되었건만 옛정을 잊지 못하시고 교단도 다르건만 행사가 있을 때마다 남편 김 목사님을 강사로 초빙하시는 일을 잊지 않으신 고마운 분이시다.

명절 때가 되면 김 목사님이 배를 좋아하신다는 것을 어찌 아셨는지 유명한 나주 배 상품을 꼭 사서 보내주시곤 하신 고마우신 가족 같은 분이시다.

문경희 사모님은 나주교회에서 사역할 때 학생회 회장으로서 모범적인 청년이었다. 우리가 청죽교회를 개척했다는 소문을 듣고 찾아와 큰 힘이 되어주신 고마운 사모님이시다. 나주교회에서 사역할 때 내 모습이 아름답고 매력 있어서 그리고 능력이 있어서 선망의 대상을 삼았다고 하신 가족 같은 고마운 분이시다. 그러나 지금은 정반대로 내가 사모님 활동을 부러워하고 있다.

동아교회는 기도도 많이 하는 교회로 유명하다. 기도를 많이 하면 은사가 나타나고 은사가 나타나면 교회는 뜨겁게 부흥되지만, 반면 악령의 역사도 은사를 통해 나타난다는 사실을 아시고 우리 교회 은사가 나타날 때 문제를 해결하는 일에 큰 도움을 주어 큰일 날 뻔한 일을 수습하기도 하여 우리에게 여러모로 도움을 주신 분들이셨다.

강 목사님은 은사를 통하여 성도들이 시험에 들어 무더기로 교회를 떠난 아픔을 겪은 후 지금은 방언은사만 허용하고 예언은사 등 모든 은사를 통제하고 절제시키고 계신다 하셨다.

영적 능력이 있고 지혜가 있는 결정이라고 생각이 되어 우리 교회도 그리하였다.

동생 되신 강철훈 목사님도 우리 교회 모범적인 교사였던 최혜숙 청년과 결혼하여 두 분이 선한 목자로서 소임을 다하시는 훌륭한 목회자 부부라고 소문이 자자하다.

〈옥한음 목사님과 하용조 목사님〉

어두운 세상에 등대 같았던 옥한음 목사님과 하용조 목사님. 두 분 목사님은 모든 목회자에게 본이 되고 귀감이 되는 보기 드문 훌륭한 목사님들이었다. 그런데 어찌된 일인가? 두 분 모두 빨리 소천하셔서 안타깝기 그지없었다. 하나님을 안 믿는 사람들까지 위대한 한국의 인물들이 사라졌다고 안타까워했었다.

그때는 왜 사랑의 하나님께서 두 분 같이 훌륭한 목사님들을 이리 빨리 불러가셨을까? 이해가 되지 않았고 의문스러웠다. 그런데 하나님께서 장래에 되어질 일을 보이시려고 내 영이 내 육체를 떠나 성령님에 이끌려 하늘 3층천이라는 곳에 이끌려 갔는데 그곳에서 주의 종들이 주님과 함께 기쁨으로 재림 준비를 하시는 모습을 보게 되었을 때, 아~! 주님께서 성화된 두 분을 영광스러운 재림 준비하시는 일에 참여케 하시기 위해 빨리 데려가신 것은 아닌가 짐작해 보았다. 동시에 잠시 잠깐 후에 오실 자가 오시리니 지체하지 않으리라는 말씀과 재림이 임박했으므로 신랑 되신 예수님을 영접할 신부 성도들이 다 되게 해야 한다는 것을 깨우쳐 주셨다.

그럼에도 불구하고 나는 여전히 두 분이 살아계셨으면 하는 아쉬움을 떨치지 못하고 있다.

⟨ 군목 P 목사님과 사모님 ⟩

김 목사님과 가까이 지내고 있었던 친구이기도 하고 군목이신 P 목사님도 선한 목자의 사명을 충실하게 하신 훌륭한 목사님이셨다. P 목사님 사모님께서는 옛 친구처럼 따스하고 다정다감하신 분이셨다.

사모님은 내가 어느 교회에서 집회할 때 참석 하셔서 은혜를 받으셨는지는 알 수 없지만, "장장 두 시간을 서서 인도하는데 많은 은혜를 받았다."고 하신 말씀이 소문이나 많은 교회에서 우리도 은혜를 받고 싶으니 와달라는 강사 초빙을 받을 수 있었다. 그래서 사모님으로 인하여 내가 많은 교회에 가서 하나님의 말씀을 전하게 되어 참으로 감사했었다. 참 고맙고 좋으신 사모님이셨다.

〈 하나님의 섭리 나주교회 〉

나주교회는 전남 노회에서 두 번째로 경제력을 가지고 있는 교회였다. 그럼에도 불구하고 당시에는 무섭도록 시험을 당하고 있는 문제 있는 교회였다. 그러나 경제력도 있고 성도들도 많은 교회이기 때문인지 서로 청빙받으려는 교회이기도 했다.

전임(前任) 목사님은 남편의 대선배였고 신학대학 교수였고 스승이셨다. 남편 김 목사님처럼 목회경력도 없고 젊은 목사는 부목사로도 가기 힘든 교회였지만 전임 목사님께서 남편을 찾아오셔서 일본 유학을 다녀올 2년 동안만 지켜달라고 사정사정하셔서 뿌리칠 수 없어서 담임 사역자로 가게 되었는데 이런 일은 아주 특별한 경우였다.

그런데 김 목사님이 사역하면서 젊은 나이에 비해 성숙하고 원만하고 은혜롭게 교회를 이끌어가자 다들 놀라워하였고, 특별히 장로님들은 매우 만족하고 흡족해하시며 넓고 좋게 꾸며진 당회실이 있음에도 불구하고 꼭 좁은 우리 방에 모여 "커피 한잔 부탁합니다. 사모님" 하시면서 그곳에서 교회 여러 문제를 의논하고 결정하곤 하였었다. 어려운 문제가 있을 때마다 내게 물으시면 해결되고 이런 일이 계속되자 이에 놀란 남편 김 목사님은 사모가 당회에 참석하여 의견을 말할 수 없는 일이라고 하며, 당회실로 가시기를 권면하였으나 장로님들은 못

들은 척 계속 좁은 방으로 모여 의논하고 결정하는 일을 계속했었다.

훗날 그 이유를 알게 되었는데 우리 부부가 부임한 날, 김 목사님은 인상도 좋으시고 인품도 있어 보여 '말 들은 대로구나.' 안심했지만, 반대로 내 인상은 강하고 고약하게 생겼고 말도 거칠고 무뚝뚝하여 마치 싸우는 것 같았고 중학교 교사도 하고 각종 은사도 능력도 있다 하여 '교회가 또 시끄럽겠구나.' 걱정했는데 걱정과는 달리 어린 나이에 어울리지 않게 은혜롭고 원만하게 교회 구석구석을 보살피고 지혜롭고 신속하게 문제들을 하나하나 해결해 나가는 것을 보고 이제야 제대로 된 목사 부부를 만났구나. 장로님들이 이구동성으로 "그 목사님에 그 사모님이다."라고 말하기도 했는데 이미 그때 담임으로 모시고 싶은 생각이 있었다는 말을 들을 수 있었다.

그리고 얼마 후, 강단에서 설교하시던 전임(前任) 목사님을 끌어내리고, 사임하라는 도장을 받아내고, 협박하고, 전남노회에 고소하는 등 교회가 아수라장이 된 일이 있었기에 전임 목사님이 남편에게 2년만 맡아달라고 사정사정하셨다는 사실 또한 알 수 있었다.

그래서인지 성도들은 두 패로 나뉘어있었다. 그대로 전임 목사님을 담임으로 목회하도록 해야 한다는 편과 사임하게 해야 한다는 편으로, 우리가 간 후에는 전임 목사님을 모시자는 편과 남편을 담임으로 모시자는 편으로 나누어졌다. 시끄럽고 부끄러운 교회의 모습이었다.

장로님들이 남편 김 목사님에게 담임으로 모시려고 한다는 뜻을 비추었다. 그러나 김 목사님은 전임 목사님과 2년만 있기로 약속했으니 이제 떠나겠다고 일관되게 말씀을 드렸다. 그런데 이 모습이 더욱 장로님들의 마음을 움직였고 성도들 또한 아직 때 묻지 않은 목사님의 모습에 감동이 되었는지 청빙에 허락해 달라고 간청했다.

그러나 끝내 고집을 피우는 김 목사님의 모습에 놀란 장로님들이 의논을 하기를 모든 결정권을 사모인 내게 맡기겠다고 통보해 오셨다.

그래서인지 어느 날 나를 찾아오신 선임 장로이신 임상재 장로님이 내 앞에 무릎을 꿇으시며 "제발 거절하지 마시고 제 이야기를 들어 주십시오." 하며 간청하시기를

"은혜로웠던 교회가 전임 목사님과 사모님 때문에 시험에 들었고 두 쪽으로 나누어져 시장판처럼 싸우고 있습니다. 어떤 해결책이 없습니다. 그래서 하나님께 우리 나주교회가 시험에 들어 넘어지지 않도록 지켜주세요. 간절히 기도하게 되었는데, 어느 날 "여종을 찾아가 보라. 그 여종이 은혜롭게 해결해 주리라."는 세미한 하나님의 음성을 듣게 되었습니다. 이런 일은 처음 경험한 일이라 잘못 들었겠지 생각했었습니다.

그런데 계속 같은 소리를 듣게 되자 '하나님이 주시는 음성이구나!' 깨닫고 평소에 기도 많이 하시는 OOO 권사님이 여종인가 하여 찾아가 보았고, 충장 기도원 원장님을 이야기한 것인가 하여 찾아갔지만, 아니었습니다. 그러던 중 사모님이 떠오르기 시작했습니다. 나이는 어리시지만 어른스럽게 교회 문제를 해결하신 사모님이 아닐까? 생각이 스치는 순간 "그래 맞다. 그 여종을 찾아가 보라. 그리하면 문제를 해결해 주리라."는 응답을 받고 무슨 결정을 하셔도 따르겠다는 모든 장로님의 위임장을 받고 이리 달려온 것이니 부디 거절하지 마시고 해결

주십시오. 하나님께서 사모님을 크게 쓰시려고 하십니다."

거절만 하는 내 앞에서 눈물로 하소연하시며 애걸하시는 임 장로님을 더 이상 거절할 수 없어서 임 장로님을 일으켜 세우며 하나님의 뜻인 것 같다는 생각이 들어 그리하겠다고 약속했다. 그리고 장로님께 권면하여 해결할 것을 해결하고, 무엇보다 중요한 것은 아무리 큰 죄를 지었다 해도 강단의 종을 끌어내리고 전남노회에 고소하고 사임을 요구하는 것은 하나님이 기뻐하시는 일이 아니므로 먼저 회개하고 전임 목사님에게는 잘못했다고 용서를 빌고 앞으로는 사임을 요구하지 않겠다는 편지를 쓰시도록 권했더니 그대로 하셨다,

그 후 전임 목사님으로부터 편지가 오기를 "김 목사님, 고맙습니다. 다른 목사님 같으면 장로님들이 전부 원하고 성도들이 많이 원하고 있으면 못 이기는 척 담임 사역자로 머물렀을 텐데 나와의 약속을 지키기 위해 2년을 채우고 떠나겠다고 했다는 말을 들었는데, 역시 김 목사님은 양심적인 목회자였어요. 내 체면을 세워주어 정말 고마워요. 이 은혜는 잊지 않을게요. 일본에 오면 내가 많은 도움을 줄게요." 고맙고 고맙다는 편지기 왔다. 그리고 "내가 떠나는 것이 하나님의 뜻인 것 같아 사임하겠다고 임 장로님에게 편지했다."는 말도 들을 수 있었다.

전임 목사님은 그때 편지처럼 남편이 일본 유학을 갔을 때 큰 도움을 주셨다. 그리고 (구) 소련으로 선교를 떠나셨고 그곳에서 크게 선교를 하시다가 그곳에서 돌아가셨다는 소식을 들을 수 있었다.

그리하여 생각보다 쉽게 교회 문제들을 해결할 수 있었다. 전임 목사님이 스스로 사임하심으로 교회의 물꼬를 틀 수 있었다. 그래서 두 쪽

으로 나눠진 체 교회가 위기에 처하고 모든 성도가 실망하고 시험에 빠져 많은 성도가 교회를 떠날 뻔한 문제를 해결할 수 있었다. 그래서인지 모든 장로님이 입을 모아 약속이나 한 것처럼 "이런 일은 사모님이 담임목사님, 당회장만 할 수 있는 당회 결정권의 열쇠를 쥐고 결정하고 장로님들에게 지시하고 당회를 이끌어 갔던 일은 전에도 없었고 아마 후에도 없을 것이다."라고 말씀하시며 놀라고 기뻐하셨다.

하나님이 나를 통해 하신 것을 지켜본 장로님들은 우리 부부를 만난 것은 최고의 행운이었다고 입을 모아 말하며 기뻐하고 놀라워하셨다. 그러나 사실 난 아무것도 한 것이 없다. 오로지 하나님이 하신 일이었고 감동 주신대로 무기로 사용되었을 뿐이었다. 무조건적인 주님의 은총의 역사였고 하나님의 은혜였다.

이 또한 하나님께서 나를 무기로 사용하신 일이기에 가능한 일이었다. 그것이 하나님의 뜻이었기에 그랬을지라도 나는 눈을 감기 전에는 선임 장로님이셨던 임상재 장로님과 장로님들의 은혜를 평생 잊을 수 없을 것 같다.

또한 어린 사모였던 나를 막내 동생 같은 나를 사모라고 높여주고 알뜰히 살펴주셨던 이자원 권사님 또한 평생 갚아도 갚을 수 없는 은혜를 입었다.

만날 때마다 우리 예쁜 사모님 우리 예쁜 사모님 하며 내가 부족한 것을 채워주시고 높여주시던 그 사랑을 어찌 잊겠는가! 그래서 나 또한 사랑을 받으면 갚지 않고는 못 배기는 성격이기에 권사님을 위해서 기도하다가 류마티스 관절염으로 피아노 치던 일을 못 하시게 되었다는 사실을 알게 되어 급히 달려가 안타까운 마음으로 손을 잡았을 뿐인데 하나님의 권능이 나타나서 그 자리에서 고침을 받게 되는 기적을 체험한 권사님이 놀라 이제부터 예쁜 사모님이라고 부를 것이 아니라 능력 있는 사모님이라고 부르겠다고 한 그 말이 축복이 되어 가는 교회마다 치유역사가 일어나 능력 있는 사모가 될 수 있었다. 그래서 이자원 권사님은 내 마음의 벗으로 영원히 기억된 고마운 분으로 새겨져 있다.

그리고 서로 담임으로 들어오려고 하는 나주교회인데 담임목사님으로 사역할 수 있는 기회가 왔음에도 전임 목사님과의 약속을 지켜야 한다며 일본 유학을 떠나려고 한 사실을 알게 된 성도들은 줄을 이어 섭섭해서 눈물을 흘리고, 이에 감격한 당시 청년회 회장이셨던 정찬열 장로님이 눈물 젖은 고별사를 낭독하여 성도들은 눈물을 흘리며 아쉬워했던 그날 그 감격스러운 순간은 영원히 잊지 못할 것이다. "김경곤 목사님은 참으로 신사 목사님이셨고 선한 목자셨습니다. 평생을 모시고 신앙생활 하고 싶은 훌륭한 목회자님이셨습니다." 차마 더 읽지 못하고 펑펑 눈물을 쏟아내던 정찬열 장로님의 감동 어린 고별사는 잊을 수 없었고, 어린애처럼 천진난만한 순수한 마음에 감동되어 잊을 수 없는 고마운 성도로 새겨져 있다.

그리고 봉투도 아니고 조금씩 저금한 저금통장이라며 조금이라도 목회에 도움이 되었으면 좋겠다고 하시며 내 손에 저금통장을 쥐어주셨던 정준성 장로님 또한 너무 고맙고 고마워 마음에 새겨진지 오래되었다.

얼마 전 두 장로님을 만나 푸짐한 대접을 받았다고 기뻐하신 김 목사님의 말씀을 들으며 보고 싶은 그리움이 샘솟았다. 모두 그립고 보고 싫은 얼굴인데 나도 같이 갈 걸 가서 그리운 얼굴을 만나볼 걸 하는 후회가 넘쳐났다.

〈 잃어버린 치유 능력 〉

 능주중앙교회에는 교장도 하셨고 기도도 많이 하시는 김OO 장로님이 계시지만, 실질적으로 교회에서 필요적절하게 일하시고 교회를 은혜롭게 이끄시는 여 전도사님 같은 역할을 하시는 안OO 권사님이 계셨다.
 다른 교회에서도 치유역사가 많이 있었듯이 능주교회에서도 그러하였다. 나를 통해 치유역사가 일어나는 것을 친히 목격하신 안OO 권사님은 성도들이 병이 들면 내게로 달려와서 알리고 함께 기도하곤 하신 여 전사 같은 권사님이셨다.
 그래서인지 내가 불순종의 죄를 지어 뇌출혈로 쓰러진 후 치유능력이 사라지게 된 사실을 모르셨는지 위암이 걸린 환자가 있으니 급히 와 달라고 하셔서 지금은 그런 능력이 없다고 했음에도 불구하고 넉넉하게 사례하도록 할 테니 와 달라고 간청하셔서 참 곤란하고 난처했다. 환자를 생각하며 애태우는 안 권사님의 마음을 알 수 있었지만, 누가 사례받고 치유 사역을 하겠는가? 거저 받았으니 거저 주는 것이 마땅한 것이 아닌가! 나는 하나님이 주신 병 고침 능력을 돈 받고 치유해준 적이 없었다. 그러나 은혜에 감사하다고 병 고침을 받은 후 주시는 경우는 하나님의 일을 계속해야 하기 때문에 받기도 했다. 그러나 이 또한 나 자신을 위해 쓴 적이 한 번도 없었다.

내가 왜 계속 치유능력이 있다면 달려가지 않겠는가? 천하보다 귀한 생명인데… 생명을 살리기 위해 힘쓰시는 권사님의 마음을 생각하며 이제는 아무 힘이 없어 가슴이 미어지는 것 같았다.

한 번은 어떤 여전도사님이 내게 간곡하게 백혈병에 걸려 죽어가고 있는 자신이 맡은 주일 학생이 있으니 한번 ○○병원으로 찾아와 달라고 사정하며 애원한 바 있었지만, 지금 나에게 그런 병 고치는 은사가 사라졌다고 해도 믿지 않고 애원하면서 부잣집 아들이니 살려만 주신 다면 많은 사례를 할 것이라고 간곡히 부탁하여 내 마음을 아프게 한 적이 있었다.

내게 영권이 계속되고 있다면 사람을 살리는 일인데 어디인들 달려 가지 않겠는가? 그러나 달려가도 소용없는 일이기에 아픈 마음으로 사양하지 않을 수 없어 뜨거운 피눈물을 흘리며 내가 얼마나 무서운 죄를 지었는가? 불순종 죄를 뼛속 깊이 느끼며 뜨거운 회개의 눈물을 흘리곤 했다. 손만 대도 치유되는 강한 권능을 받았으면 잘 지켜야 했는데 그러지 못한 나 자신이 원망스럽고 아프고 쓰려 한없이 후회의 눈물을 흘리곤 했었다.

주여! 이 죄인을 용서하여 주옵소서!

불쌍히 여겨 주옵소서!

〈 이단을 경계하지 못하여 나락에 빠진 기독교 〉

"그러나 민간에 또한 거짓 선지자들이 일어났었나니 이와 같이 너
희 중에도 거짓 선생들이 있으리라 저희는 멸망케 할 이단을 가만
히 끌어들여 자기들을 사신 주를 부인하고 임박한 멸망을 스스로
취하는 자들이라" (베드로후서 2장 1절)

 이단은 기독교가 아니다. 생명 복음이 아닌 다른 복음을 전하면서 생
명을 해치고 멸망의 길로 이끄는 집단이다. 그래서 예수님은 다른 복
음을 전하는 이단을 무섭게 책망하셨고 발의 먼지라도 털어버리라고
엄히 경고하셨다.
 이단은 기독교뿐만 아니라 사회에도 많은 피해를 준다. 1992년도에
D선교회의 빗나간 휴거 사건과 1987년도의 ○○○집단 변사사건으로
기독교에 큰 피해를 준 이 목사와 박 교주는 거짓 선지자와 거짓 선생
들이었다.
 선한 목자는 양을 지키고 보호하다가 천국까지 인도하지만, 사이비
종교지도자들은 삯군 목자들이기에 양을 지키고 보호하기는커녕 양을
해치고 멸망으로 인도하기 때문에 조심하고 또 조심해야 한다. 그러나
세상 사람들은 사이비, 이단을 구분하기 어려워 같은 기독교로 알고
있어서 기독교가 큰 피해를 입었던 한국을 떠들썩하게 한 충격적인 사
건이었고 오랜 세월이 흘렀지만 지금도 잊혀지지 않는 사건이었다.
 성경에는 예수님의 재림의 때는 아무도 모른다고 했는데 이 목사는

말씀과 다른 1992년 10월 28일에 휴거된다는 고등학생의 잘못된 예언을 믿게 하여 많은 사람을 미혹하여 사회에 많은 물의를 일으킨 이단이었다.

휴거가 빗나간 후 허탈감과 절망감에 빠진 그들의 상처는 누가 치유할 것인가 그들의 영혼 구원은 누가 책임질 것인가?

○○○ 박 교주는 더 악랄하게 사업을 이용하여 직장을 갖고자 하는 사람들을 미혹하여 신자로 만들어 맹종하게 하고 이용만 하고 죽게 한, 사람으로서는 도저히 할 수 없는 종교를 가장한 범죄자였다.

신자들에게 빚까지 내어 헌금하게 하여 빚에 쫓겨 다니는 신자들을 보호한다는 명목으로 다락방에 가두어놓고 대소변을 해결하지 못하여 물 한 모금도 마시지 못하게 하고 집단으로 죽게 한 사건이었다.

믿음이 무엇인가? 성경에 기록된 대로 지켜 행하는 것이 구원받는 믿음이다.

"그날과 그때는 아무도 모르나니 하늘의 천사들도 아들도 모르고 오직 아버지만 아시느니라" (마태복음 24장 36절)

성경에서는 휴거일은 아무도 모르고 하나님 아버지만 아신다고 했으므로 다시 오마 약속하신 주님만 바라보고 준비하는 믿음으로 깨어 기도해야 한다. 신부 단장하고, 선한 사마리아 사람처럼 내 이웃을 내 몸같이 사랑하고 가난하고 병들고 힘없고 소외된 자들을 가까이하고 도우며, 아름답고 의롭고 거룩하게 구원받는 자답게 믿는 자답게 아름다운 열매를 맺으며 살면 다 우리 주님이 알아서 구원하시고 들림(휴거)도 받게 된다. 그래서 공중혼인 잔치 자리에 신부로 초대될 것인데, 어쩌다가 거짓 목자를 만나 성경에 없는 거짓에 미혹되어 거짓 목자들에게 맹종하다가 모든 것을 잃고 천륜까지 끊으며 그 같은 해를 당하게 되었는지 참으로 안타까운 일이었다.

아무리 자기 교회 목사님이라고 해도 성경에 기록된 대로 가르치지 않고 지키지 않는 목자는 거짓 목자. 삯꾼 목자이므로 절대 따라가지 말아야 한다.

자기 믿음은 자기 스스로가 지켜야 한다.

성경에 기록된 대로 지켜 행해야 한다.

나는 이 끔찍한 사건들을 지켜보면서 선한 목자의 사명이 얼마나 막중한 사명인가를 또 깨달을 수 있었다.

그리고 성도들은 교회와 목사를 잘 만나야 한다는 사실을 다시 한번 깨달을 수 있었다.

그리고 순진한 신자들이 이단, 사이비 종교 집단들이 쳐 놓은 덫에 걸리지 않도록 더욱 경계하고 경계해야 함을 깨달을 수 있었다.

뿐만 아니라 우리 모두 하나님이 기뻐하신 감사와 찬송과 찬양을 드리는 믿는 자 다운 믿음 생활을 해야 함을 알 수 있었다.

〈 이단에 빠진 C 집사님 〉

만나선교회를 도우려다 덫에 걸려 빚더미 위에 앉게 되었을 때 이자 줄 돈이 없어 사채를 빌려 빌린 돈을 갚다 보니 빚이 눈덩이처럼 불어났다. 채권자들이 꼭 주일날 왔었는데 이때 고 권사님이 이리 뛰고 저리 뛰어다니며 돈을 어디에서 빌려왔는지 빌려와서 채권자들의 행패를 막아줘서 얼마나 고맙고 감사했는지 고 권사님께 평생 은혜를 갚아도 갚을 수 없는 사랑의 빚을 지게 되었다.

청죽교회를 대표할 만한 모범이 되는 C 집사님은 오직 믿음으로 사는 충성스러운 일꾼이었다. 법이 없이도 살 만큼 착하고 선한 집사님이었다. 착하고 선하다 보니 사업가들에게 이용만 당하여 그 많은 재산을 다 잃은 성도이기도 했다.

그런데 특별한 사명 때문에 나에게 주신 저절로 알아 지는 영적 권능에 의해 C 집사님이 이단에 빠진 것을 알게 되어, 고 권사님에게 이 사실을 말한 후 정말 이단에 빠졌는지 은밀히 알아보라고 부탁하고 제발 이단에 빠지지 않기를 빌고 빌었는데 보고에 의하면 당시 이상한 귀신론을 주장하여 이단으로 규정한 S교회에 은밀히 다니고 있었고 청죽교회 성도들까지 데리고 갔으며 그곳에 나온 유인물과 카세트까지 나눠주었다는 사실이 밝혀져 망연자실 하늘이 무너지는 것만 같았다. '법이 없어도 살만큼 착하고 선하며 믿음으로만 살았던 C 집사님이 이단에 빠지다니? 이 일을 어떻게 해야 하나? 건축을 앞에 두고 교회에 폭풍이 몰아칠 텐데!' 발만 동동 구르며 망설이다가 만약 성도들까지 이단에 빠지면 안 되는 일이기에 이 사실을 담임이신 김 목사님께 알리지 않을 수 없어 알렸다. "큰일 났네! 이 일을 어떻게 하지? 어떻게 하지?" 김 목사님도 고민 고민하다가 그래도 본인에게 직접 듣고 확인하기 위해 C 집사님을 불러 알아보았는데 도리어 S교회를 이단이라고 말한 사람들이 잘못되었다고 우리 부부를 설득시키려고까지 했다. 그리고 C 집사님은 우리의 충고도 듣지 않고 계속 S교회에 다녔다.

이런 성도를 장로 되게 할 수 있겠는가? 그래서 장로 후보 명단에서 탈락시키지 않을 수 없었다. 이단에 빠지면 이단의 영, 미혹의 영에 붙잡히게 된다는 사실에 주목해야 한다.

이단의 영, 미혹의 영에 붙잡혀 있는 C 집사님의 정체가 밝혀진 이상 이단에 빠진 성도를 장로 되게 해서는 안 된다는 총회법에 따라 장로 후보 명단에서 뺐는데, C 집사님 부부는 이 사실을 숨기고 성도들 집을 찾아다니며 힘이 없고 가난하다고 김 목사님이 자신을 장로에서 탈락시켰다며 "이럴 수가 있습니까? 너무 억울하고 분합니다." 하며 하소연하고 충동하며 다녔었다.

그리고 충동 된 성도들이 청죽교회를 떠나면서 조용히 떠나지 않고 청죽교회는 사람을 차별하는 나쁜 교회이므로 다녀서는 안 되는 나쁜 교회, 김 목사님은 나쁜 목사님이므로 그런 나쁜 목사님 밑에서 신앙 생활하면 큰 코 다치게 될 것이라며 소리소리 지르며 떼를 지어 떠났었다.

이때 C 집사님 부부와 함께 이 일에 앞장섰던 K 집사님 가족과 E 전도사님 그리고 그녀의 어머니 되시는 권사님과 악기단을 책임 맡고 있었던 그의 아들이 청년들을 데리고 떠났으며 성가대 지휘자 S 집사님, 그의 부인 J 집사님과 아들, 피아노 반주자 Y 집사님과 그 가족들, 피아노 조율사 P 집사님과 구역장을 맡고 있었던 그의 부인과 자녀들, 그리고 떠난 성도들이 전도한 성도들이 함께 떠났었다.

이로 인하여 다비다회가 붕괴될 뻔했는데 이금상 권사님과 한화자 권사님 두 분이 앞장서서 김 목사님은 절대 그럴 분이 아니라고 설득시키며 다비다 회원들이 힘을 합쳐 다비다회를 지켜 낼 수 있었다.

C 집사님은 교회에 큰 힘이 되어 주었던 충성스러운 일꾼이었다. 법이 없어도 살만큼 착하고 선한 사람이었다. 그러나 너무 은사집회만 찾아다녀 우리 부부는 늘 마음을 놓을 수가 없었다. 물가에 내놓은 아이같이 늘 염려가 되는 성도이기도 했다. 무엇보다 은사에 치우치면 거짓된 체험, 위장된 성령체험을 할 수도 있으므로 기도원에 가려면 말씀 중심으로 운영하는 건전한 기도원에 가야 한다고 몇 번이고 말하였지만 듣지 않았었다.

영 분별력이 없는 평신도들은 위험에 빠질 수도 있다고 자주 말렸지만 듣지 않고 계속 은사 집회하는 기도원만 찾아다녔다. C 집사님 가정에는 유난히 귀신역사가 많았다. 그래서 우리 부부는 C 집사님이 염려되어 그 가정을 위해 참 많이 기도했었다.

그런데 어느 날 기도를 하던 중 막내딸이 귀신에게 홀려 자살하려고 한다는 사실을 알게 되었고 급하게 C 집사님의 아내인 D 집사님에게 전화하여 자살은 막을 수 있었지만, 무당처럼 춤을 추며 뛰고 있으니 빨리 심방 해 달라고 하여 급히 달려갔더니 정말 상태가 심각했다.

나는 C 집사님 막내딸을 끌어안고 예수의 이름의 권세로 떠날 것을 선포하였더니 귀신이 말하기를 "어디로 떠나라는 것입니까? 나는 사람 안에 사는 것이 편하고 좋습니다. 제발 무덤이 많은 산으로 떠나라고 하지 말고 다른 사람에게 들어가라고 명해주세요." 애원하다가 마침 C

집사님이 전도하여 등록한 새신자가 거기에 와서 이 광경을 보고 있었는데, 그 새신자에게 들어가게 해달라고 애원하자 놀란 새 신자가 신발을 신은 체 방으로 뛰어 들어와 "제발 살려주세요. 앞으로는 교회도 안 빠지고 열심히 다닐 테니 저에게 못 들어오게 해주세요." 애원했었다. 우리는 "절대 안 된다."하고 김 목사님과 함께 안수하여 절이 있는 산으로 떠날 것을 명령하고 겨우 물리칠 수 있었다.

성경에도 귀신에 대해 기록하고 있고 일곱 귀신들린 막달라 마리아를 고쳐 제자 삼으신 기록도 있다. 그러나 전설의 고향에서 나오는 귀신과는 다르다. 그런데 S 교회 K 목사는 전설의 고향에서 나온 귀신과 비슷한 이상한 귀신론을 주장하여 총회에서 이단으로 규정했었다. 총회에서 이단으로 규정할 때는 전문가들의 치밀한 조사와 성경을 중심으로 연구한 후 이단으로 규정하므로 하나님을 믿는 자들은 반드시 총회법을 따라야 한다.

은사체험을 하게 되면 뜨겁게 신앙생활 할 수 있는 원동력이 된다. 그러나 은사체험을 하고 싶어 지나치게 치우치면 영 분별력이 없는 평신도들은 위험할 수 있으므로 기도원에 가려면 말씀 중심으로 운영하는 건전한 기도원에 가야 한다. 왜냐면 은사가 강하게 역사할 때 틈을 보이면 악령도 함께 역사할 수 있기 때문이다.

동아교회 강창훈 목사님과 문경희 사모님께서는 기도하라고 주신 방언기도만 허용하고 모든 은사를 통제하고 절제시키고 있다고 하셨다. 은사 체험한 성도들이 뜨겁게 신앙 생활하다가 시험에 빠져 집단으로 떼를 지어 나간 후 결정된 일이라고 하셨다.

우리 교회에서도 그런 아픈 경험이 있었다. 이후에도 청죽교회에서도 기도를 많이 하다 보니 이와 비슷한 경험들을 많이 할 수 있었다. 그래서 강창훈 목사님과 문경희 사모님의 많은 도움을 받았었다. 은사는 누구나 기도 많이 하면 받을 수 있다.

방언은사, 예언은사, 입신까지도 할 수 있다. 그런데 문제는 절제하지 않고 은사만 치우치면 거짓된 체험, 위장된 성령체험을 할 수 있기 때문에 담임목사님의 지시에 따라야 한다. 그렇지 않으면 성령이 강하게 역사할 때 조금의 틈만 있으면 자만, 교만, 이기주의, 질투, 시기 중에 한가지라도 실수하게 되면, 악령이 역사하여 여러 가지 좋지않는 일이 벌어지게 되므로 평신도들은 영분별 능력이 없으므로 반드시 사역자들의 지시에 따라 움직이고 순종해야 한다. 그렇지 않으면 자기도 모르게 귀신에게 홀린 것처럼 본의 아니게 실수를 하게 되고 실덕을 하게 된다는 사실을 명심해야 한다.

〈 K 집사님 〉

K 집사님은 어디에선가 청죽교회는 은혜로운 교회, 하나님이 함께하시고 역사하는 교회라는 소문을 듣고 스스로 청죽교회를 찾아왔다며 등록하고 교회 일에 열심히 봉사하고 헌신한 착하고 선한 집사님이었다. 부지런한 성도였고 먼 곳에서도 한 번도 교회에 빠지는 일이 없는 성실한 성도였다. 영락중학교에서 열심히 일한 일꾼이기도 했다.

무엇보다 아들이 아파서 죽겠다고 손도 못 대게 하여, 병원에도 갈 수 없어 안타까워 발을 동동 구르다가 김 목사님에게 전화하여 이에 놀란 김 목사님이 전화로 예수의 이름으로 병 고침을 받을 것을 선포하자 거짓말처럼 고침을 받아 하나님과 김 목사님을 위해 살겠다고 충성맹세를 한 성도이기도 했다.

데굴데굴 구르며 죽겠다고 악을 쓰던 아이가 기적을 일으키신 하나님의 은혜로 거짓말처럼 나아 "아빠! 무슨 일이 일어난 것입니까? 이제는 하나도 안 아파요!" 놀라워하고 좋아서 "펄쩍펄쩍 뛰면서 좋아하고 있어요. 김 목사님, 정말 고맙습니다! 이 은혜는 절대 잊지 않을 것입니다. 하나님과 김 목사님께 충성을 다하겠습니다!"라고 굳게 맹세했던 성도였다. 그리고 그 말대로 열심히 신앙생활을 한 충성스러운 일꾼이었다.

그런데 어느 날 우리를 찾아와 성난 황소처럼 다짜고짜 "김 목사님에게 실망했습니다. 김 목사님이 그런 분인 줄 몰랐습니다. 힘없고 가난하다고 장로 될 수 없는 것입니까? C 집사님처럼 훌륭한 일꾼이 어디 있습니까? 그런데 가난하고 힘없다고 장로 시킬 수 없다고요? 그러면 우리같이 힘없고 가난한 성도들은 다 장로 될 수 없겠네요? 청죽교회가 이런 교회였어요? 소문과는 다르네요! 이런 나쁜 교회인 줄 알더라면 스스로 찾아오지 않았을 것입니다. 이런 교회에 다니지 않았을 것입니다. 그리고 이런 교회를 다니지 못하도록 이 사실을 알려야겠습니다! 벌써 많은 성도에게 이 사실을 알렸고 함께 청죽교회를 떠나기로 했습니다!"

흥분하여 이성을 잃고 할 말 못 할 말 다 쏟아내더니 우리말은 들으려 하지도 않은 채 분노하고 흥분하여 뛰쳐나갔다. 청죽교회가 나쁜 교회이고 김 목사님이 나쁜 목사님이라는 사실을 만천하에 다 알리겠다고 하면서… 그리고 C 집사님과 충동하여 교회를 큰 혼란에 빠트리고 많은 성도와 함께 떠났었다.

성전 건축을 앞에 두고 믿었던 성도들에게 배신당하고 모함까지 받아 교회와 김 목사님이 나쁜 교회 나쁜 목사님이라는 누명을 뒤집어써야 했던 그때는 정말 목회를 그만두고 싶을 만큼 고통스럽고, 마치 벼락 맞은 것 같아 그 자리에 주저앉아 주님의 이름을 부르며 통곡이 터져 나왔던, 참으로 피눈물이 나는 견디기 힘든 아픔이었다. 힘들게 쌓아 올렸던 모든 것들을 한순간에 잃어야 했던 그날은 하늘이 무너진 것 같았던 절망뿐이었다. 이럴 수가 있다니 도저히 믿어지지 않아 악몽을 꾸는 것만 같았다.

김 목사님은 이때 받은 충격에, 거듭되는 시련으로 인한 스트레스가 쌓여 간경화가 진행되고 피를 토하고 연세대 병원에 입원하게 되었는데, 의사들이 말하기를 현대의학으로는 고칠 수 없는 불치병이 간경화라고 하며 마음의 준비를 하라고 했었다.

나 또한 이때 스트레스가 쌓이고 쌓여 무기력증이라는 아무 의욕이 없는 병에 걸렸으며 우울증, 조울증, 불면증, 만성 소화불량, 신경성 위장병에 걸려 내 몸 하나 가누기도 힘들었을 때였는데 이때 성전 건축을 앞에 두고 담임목사님이 사실상 사형선고와 같은 불치병이라는 간경화에 걸린 것이다.

나는 앞이 캄캄하고 하늘이 무너져 내린 것 같아 아무것도 보이지 않았었다.

아이들은 아직 어리고 친정도 망했는데 어디로 가야 한단 말인가! 그렇지 않아도 지쳐있는 성도들에게 알릴 수도 없고 이 일을 어찌해야 한단 말인가! 김 목사님이 잘못되면 교회는 어떻게 되겠는가? 참으로 막막하기만 했었다.

아무리 둘러봐도 의지할 곳도 없고 갈 곳도 없어서 어린아이들을 끌어안고 "주여! 불쌍히 여겨주소서 살려주세요!" 목 놓아 통곡하며 울었었다. 다리가 떨려 서 있을 수 없어서 주저앉아 로뎀나무에 앉아 탄식했던 엘리야처럼 탄식하고 있었는데 어디에선가 들려오는 소리가 있었다. "무엇이 그렇게 무서운 것이냐? 무엇이 그렇게 두려운 것이냐? 정말 두려운 것은 너를 지으신 창조주 하나님이 아니겠느냐?" 하는 소리에 정신이 번쩍 들었다. '그래, 정신 차리자. 하나님은 살아계시니 하나님께 도움을 청하자. 천국은 침노하는 자가 빼앗는다고 했으니 천국을 빼앗으리라!'

두 손 불끈 쥐고 하나님을 만나기 위해 두드리고 두드리며 찾고 찾으며 하나님을 만나게 해 달라고 엎드려 기도하다 보니 새벽이었다. '그래, 잠시 잠깐 후에 날이 밝아오리라, 어두움이 물러가리라, 해가 뜰 것이다. 소망을 가지고 간구하여 기필코 하나님을 만나고야 말리라. 하나님께서 내 기도를 응답하실 것이다. 남편 김 목사님을 고쳐주실 것이다. 분명 살려주실 것이다. 소망을 잃지 말자.' 찾고 두드리고 두드리며 하나님을 만나기를 애타게 찾으며 간구했더니 오랜 침묵을 깨고 우리 주님이 나를 만나주셨다. 그리고 울고 있던 내 눈물을 닦아주셨다.

〈 참회의 눈물을 흘리는 K 집사님 〉

견디기 힘든 아픔의 세월을 보낸 어느 날, K 집사님이 찾아와 우리 앞에 무릎을 꿇으며 용서해 달라고 가슴 치며 후회하고 절규하며 뜨거운 눈물을 흘렸었다.

늦게나마 김 목사님의 명예가 땅에 떨어졌던 사건이 밝혀져 다행이긴 했지만, 본인도 모르게 이단의 영, 미혹의 영에 붙들려 불의의 병기로 쓰인 자신의 죄를 깨닫고 통곡하고 절규하는 K 집사님의 처절한 모습은 더 볼 수가 없어서 나 또한 마음이 너무 아프고 고통스러워 통곡하며 함께 울었었다.

한참 서럽게 가슴을 쥐어뜯으며 울며 절규하던 K 집사님은 울음을 그치고 말하기를 C 집사님처럼 착하고 선한 사람이 없다고 생각되어 가까이 지냈는데, 그리고 C 집사님이 제일 먼저 장로 될 자격이 있다고 믿고 있었는데, 어느 날 자기를 찾아와 울면서 자신이 힘없고 가난하다고 김 목사님이 장로명단에서 탈락시켰다며 이럴 수 있느냔 말에 우리같이 힘없고 가난한 성도들은 장로가 될 수 없는 것인가? 화가 나고 속이 상하고 믿고 존경했던 김 목사님에게 배신감이 들어 도저히 견딜 수가 없어 앞뒤도 돌아보지 않고 평소에 가까이 지내던 성도들에게 전화하거나 찾아가 성도들을 충동하며 "이런 나쁜 교회는 다니면 안 된다! 나쁜 김 목사님 밑에서 신앙 생활하면 안 된다!'고 청죽교회와 김 목사님의 욕을 하고 비난하는 일을 서슴지 않는 죄를 저질렀다고 하였다.

그 후 어느 날 S교회 K 목사가 이단이고, C 집사님이 힘없고 가난해서 장로를 안 시켜준 것이 아니라 이단에 깊이 빠진 이유로 총회법에 따라 그러지 않을 수 없었다는 사실을 알게 되었고, C 집사님은 계속 S 교회에 다니자고 했지만, 이단이라는 사실을 안 이상 그럴 수가 없어서 C 집사님과의 관계도 끊었다고 했다. 그러나 그때는 이미 늦어 후회해도 돌이킬 수 없는 때였고 정신을 차리고 자신의 행동을 생각해 보니 너무 두렵고 떨리는 죄를 짓고 말았다는 사실을 깨닫게 되어, 곧바로 영락 중학교에 가서 이 사실을 알리고 이리로 달려왔다는 것이었다.

"목사님, 용서해주십시오. 제가 죽을죄를 지었습니다. C 집사님 말만 믿고 흥분하여 정말 못된 짓을 한 이 죄인을 용서해주십시오. C 집사님이 이단에 빠진 사실을 이제야 알게 되었고 그 까닭으로 총회법에 따라 장로에서 탈락된 것을 이제야 알게 되었습니다.

제가 가장 존경하는 김 목사님께 마귀 짓을 했습니다. 귀신에 홀린 듯 제정신이 아니었습니다. 목사님 저는 어떻게 해야 합니까? 부끄럽고 민망하여 청죽교회에 다시 나올 수도 없고 마귀 짓을 했으니 하나님이 두려워 어떻게 살아야 합니까? 용서받을 수 없는 죄를 지었지만, 저를 위해 기도해 주십시오. 나도 모르는 사이에 불의의 병기로 사용된 저는 이제 어떻게 해야 합니까?"

펑펑 울며 통곡하고 부르짖은 K 집사님의 절규하는 소리가 목이 메고 아파 K 집사님의 손을 잡고 함께 울었던 그날을 잊을 수가 없다. 그러나 다행히 이단에서 빠져나온 일이 너무 기쁘고, 감사했었다. 한번 이단에 빠지면 쉽게 빠져나오지 못하는데 천만다행이었다.

그리고 나쁜 교회 나쁜 목사라고 했던 사람들을 찾아가 사실대로 말하고 영락중학교에도 가 이 사실을 말했다고 하여 불명예는 씻을 수있었지만, 이때 받은 충격과 거듭되는 시련으로 인한 스트레스가 쌓이고 쌓여 이미 병들어 버린 우리 부부의 마음과 육체가 회복되기까지많은 아픔의 세월을 보낸 후 다 늙어 백발이 성한 노인이 된 후였다. 나는 이때부터 약이 없다는 신경성 위장병에 시달려야 했다. 이단에 빠지면 이단의 영, 미혹의 영에 붙들려 불의의 병기로 사용된다는 사실을 깨우쳐 주는 교훈이 되었으나 참으로 뼈아픈 역사였다.

성경에서 이단을 경계하라고 말씀하고 있음을 알아야 한다. 발에 먼지라도 털어버리라는 경고의 말씀에 주목하고 이단에 빠진 자를 나오도록 해야 한다는 사명감에 이단에 빠진 사람들에게 접근한 사람들이오히려 이단에 미혹된다는 사실에 주목하고 담임목사님에게 알리고전문가에게 의논하고 맡겨야 한다. 은밀하게 만나는 일은 절대 삼가야한다.

〈 나의 하나님 나의 하나님 살아계신 나의 하나님 〉

하나님은 살아계셨다. 남편 김 목사님과 이 권사님의 남편을 살려달라고 애원하며 간구하는 나를 보고 계셨다. 남편을 살려 달라고 애절하게 간구하는 이 권사님을 보고 계셨으며 교회를 지켜 달라고 눈물 뿌리며 간구하는 성도님들을 보고 계셨다.

"어린 아들과 딸이 장성할 때까지만이라도 저도 살게 해 주세요." 간구하는 내 기도 소리를 다 듣고 계셨었다. 그리고 하루아침에 하나님이 함께하시는 교회, 성령님이 역사하시는 살아있는 교회, 생명이 있는 교회라는 명성을 잃고, 나쁜 교회, 다녀서는 안 되는 교회로 추락한, 배신과 모함에 빠져 비틀거리는 위기에 처한 청죽교회를 보고 계셨다.

그리고 의욕을 잃고 상심한 성도들이 손에 손을 잡고 청죽교회를 지키기 위해 한 가정도 떠나지 않고 멀리 이사를 가도 버스를 두세 번 갈아타고 와야 하는 멀고 먼 길이었지만 한 번도 교회를 빠지지 않고 충성을 다하는 청죽교회 성도들의 충성과 눈물을, 아픔들을 다 알고 계셨다. 그리고 그들의 기도를 들어주셨다. 교회 주인 되시는 주님이 살아계셔서 우리들의 소망을 들어주셨다. 위기에 처한 교회를, 생명의 위협을 받고 있었던 남편 김 목사님과 이 권사님의 남편인 조 안수집사님을 지켜보고 계셨다. 그리고 우리들의 소망과 간구를 응답해주시겠다고 하셨다.

애통하고 회개하는 마음으로 눈물 뿌리고 간구하고 있었던 내게 찾아오셨다.

"사랑하는 내 딸아 울지 말아라. 서러워 말아라. 하나님이 너를 도와주실 것이므로 아무 염려 말아라." 하시며 "내 손을 잡고 나와 함께 가자." 하시며 내 손을 꼭 잡고 앞서가신 주님만 바라보고 따라갔더니 주님이 이끄시는 대로 따라갔더니 그곳은 기적의 통로였다. 축복의 장소였다.

그리고 주님께서 말씀하셨다. 기적을 보게 해주시겠다고 약속하셨다. "네가 축복하는 자는 내가 축복할 것이요 네가 저주한 자는 내가 저주하리니 아무 염려 말고 강하고 담대하게 소명을 이루어라." 하셨다. 축복을 받을 만한 그릇이 준비된 자는 기적을 보게 될 것이라고 약속하셨다. 그리고 그곳에서 영적 어머니로서 우뚝 서게 해 주시겠다고 약속하셨다.

말씀하신 대로 축복권을 사용하였더니 그릇이 준비된 성도들은 기적 같은 일이 일어나는 것을 볼 수 있었다. 저주권은 한 번도 사용하지 않았다. 앞으로도 저주권은 사용하지 않을 것이다. 그리고 주님께서 남편 김 목사님과 이 권사님의 남편을 살릴 수 있는 방법을 알려주셨다. 그리하여 주님이 알게 하신 대로 현미밥과 야채 중심으로 식사를 하시게 하고 박 권사님의 도움을 받아 현미쌀을 쪄서 말려 볶은 곡식과 현미차와 야채차 그리고 구연산과 소망교회 이영근 목사님이 주신 흰 돌가루를 복용하시고, 기도하며 실천하였더니 연세대 병원에서 못 고친다고 했던 간경화를 고칠 수 있었다.

그리고 이 권사님 남편은 "구연산과 홍삼정을 복용토록 하고 네가 그 머리에 손을 얹고 간절히 기도하면 치유될 것이다."하셔서 주님께서 가르쳐주신 대로 지켜 행하여 이 권사님의 남편도 간경화를 고쳐주셨다. 큰 그릇으로 쓰시기 위해 사명 때문에 살려주셨다고 하셨다. "오 하나님 감사합니다." 이 모두 주님이 허락하신 일이었기에 기적 같은 큰일들을 해낼 수 있었다.

이 모든 영광은 주님께 드립니다. 영원토록 영광과 존귀와 찬양 받으시기에 합당하신 주님께 드리오니 영원토록 영광을 받으소서!
 아멘 주님 감사합니다.

〈 진실한 믿음의 청죽교회 청년들 〉

 청죽교회에서 성도들에게 성령의 은사가 나타날 때, 내 사명에 대하여 성도들이 말하고 두려움으로 대하라는 예언이 나왔었다. 이때 성령의 은사에 대하여 그리고 내 사명에 대하여 잘 이해를 하지 못한 청년회를 맡고 있었던 전도사가 은사가 나타날 때 일어나는 현상을 보고 마치 교회가 문제 있는 것처럼 순진한 청년들을 충동하여 청년들을 거의 모두 데리고 나간 황당한 일이 생겼었다.

 김 목사님이 어렵게 세워 은혜스럽게 청년회가 발전하고 있었는데, 청년들을 거의 데리고 나가 청년회가 붕괴되려 하자 청년회를 지켜내려고 김종민 청년, 사라 청년, 이선영 청년, 조희경 청년, 최정실 청년, 최혜영 청년, 최영신 청년 등이 주축이 되어 눈물겹도록 희생정신을 발휘하여 사랑과 헌신으로 붕괴할 뻔한 청년회를 지켜낼 수 있었다. 그리고 등록한 청년이 백 명이 넘은 청년회로 발전시켜 주위를 놀라게 했었고 부흥사로 오신 목사님마다 청죽교회 청년회를 부러워하시며 보기드문 대단한 청년들이라고 입에 침이 마르도록 칭찬을 하셨었다.

 많은 청년이 담당 전도사의 충동으로 떠났지만, 끝까지 남아 청년회를 지키려는 아름다운 청년들을 보시고 하나님께서 축복하시고 도우셨기에 기적 같은 청년회로 발전시킬 수 있었던 그날의 아픔과 감격을 나는 영원히 잊지 못할 것이다.

그때 놀랍도록 희생정신을 발휘했던 이선영 청년과 조희경 청년, 최정실 청년 그리고 최영신 청년들의 활약은 참으로 눈물겹도록 대단했었다. 영원히 잊을 수 없는 정말 고마운 청년들이었다.

최영신 청년은 청죽교회에서 주일학교 교사를 할 때 모범적인 교사로 그 믿음과 신실함을 인정받았고, 지금은 중동지역 한인교회에서 제일 큰 교회로 알려진 두바이 한인교회 담임목사로 사역하고 계신다. 평소에 가정에서 신앙교육을 잘 받아 예의도 바르고 성실하고 진실한 사역자로서 본이 되셨다.

최정실 청년은 청년 때부터 모범이 되어 청년 집사가 되었고, 지금은 미국에서 대학교 교수로 있으며 열심히 기도하고 신앙생활에 모범이 되어 장로로 피택되었다는 소문이 한국까지 들려왔다. 청죽교회를 떠난 지도 오래되어 잊을 만도 한데 지금까지 때때로 안부를 묻고 기도해 주고 생일까지 잊지 않는 고마운 성도다. 얼마나 김 목사님을 위해 기도하고 자랑했으면 미국교회에서 한국으로 나온 성도님들이 김경곤 목사님이 얼마나 훌륭한 목사님인가 뵙고 싶다고 전화하는 분들도 있었다. 아들을 형처럼 따라서인지 나도 최정실 장로가 아들만 같다.

우리 청죽교회 청년들은 한결같이 신실한 믿음의 청년들이고 심지가 곧고 마음씨가 곱고 정도 많고 사랑도 많아 생각만 해도 행복하기만 했다. 청죽교회는 참 좋은 성도님, 참 좋은 청년들이 함께 웃고 울며 사랑과 수고와 희생을 아끼지 않았기에 방해하는 사탄에 의해 굽이굽이 어려움도 많았지만 참으로 행복하게 사역할 수 있었다.

청년 담당 전도사가 해서는 안 되는 일을 하였기에 염려되어 알아봤더니 사역을 그만두었다는 말을 들을 수 있었다. 함께 떠난 청년들은 한 교회에서 신앙생활을 한 것이 아니라 뿔뿔이 흩어져 신앙생활을 하고 있었다. 신앙생활을 계속하고 있다는 말을 듣고 천만다행이라고 생각했다. 비록 우리 부부를 아프게 하고 떠났지만 다 착하고 성실한 청년들이었기에 정말 보고 싶고 그립기만 하다. 부디 어디서든지 바른 믿음 생활을 하여 다 구원받고 천국에 들어갈 수 있기를 간절히 소망한다.

그 많은 청년이 떠나지 않았더라면 청죽교회가 더 큰 일을 이루었을 텐데 하는 아쉬움은 여전히 남아 내 마음을 쓸쓸하게 한다. 다행히 이 권사님과 가끔 만나기도 하고 전화도 한다고 하니 다소 안심되었었다.

은사를 받으면 뜨겁게 신앙생활을 하게 되는 장점이 있지만, 조금만 틈이 생기면 거짓된 은사체험을 할 수도 있고 위장된 성령체험을 할 수도 있다. 영 분별할 능력이 없는 평신도들은 악한 영들에게 이용당할 수 있으므로 반드시 담임목사님의 지도를 받아야 하고 지시를 따라야 한다. 그리고 은사에 너무 치우치면 위험할 수 있으므로 말씀 중심의 건전한 신앙생활을 하도록 힘써야 한다.

은사는 기도를 많이 하면 누구나 각종 은사를 체험할 수 있다. 방언은사. 예언은사. 신유은사, 투시은사. 영분별은사. 능력. 입신까지 할 수 있다. 방언은사는 기도하라고 주신 은사이기 때문에 기도할 때 유용하게 사용할 수 있어 신앙 생활하는 데 큰 도움이 된다. 그러나 예언은사는 상당히 많은 예언이 맞지 않기 때문에 실수하고 실덕할 수 있으므로 함부로 사용하지 않고 절제하는 것이 좋다는 생각이 들었다.

성령이 주신 예언은사는 말 한대로 이루어진다. 그러나 예언대로 이루어지지 않는 것은 잘 못 된 것이므로 사용하지 말아야 한다. 통계에 의하면 예언대로 이루어지는 경우가 50%도 안 된다는 보고인 것을 보면 정말 조심스럽다. 어떤 성도는 은사는 받고 싶지 않다고 말하는 것을 본다. 그러나 그것은 잘못된 불신앙적인 생각임을 알아야 한다. 은사는 꼭 받아야 하는 성령님의 선물이기 때문이다. 은사를 받으면 기뻐하고 감사해야 한다. 은사를 받다가 가끔 한두 명 정도가 잘못되기도 하지만, 은사를 받을 때 정신을 바짝 차리고 내가 받은 은사가 가짜인지 진짜인지 그 열매를 봐야 한다.

자신이 믿음의 행동의 아름다운 열매를 맺고 있으면 성령님이 주시는 아름다운 은사이다. 반면 자신이 받은 은사가 아름다운 열매로 나타나지 않으면 즉시 중단하고 담임목사님과 의논하고 지시를 받고 지시대로 잘 따라야 한다. 자칫하면 하나님의 교회를 곤경에 빠지게 하는 본의 아닌 실수를 하게 된다. 목사님들의 지시를 받고 지시에 잘 따른다면 모두 성령의 아름다운 열매를 맺을 수 있으므로 바로 받고 바로 행해야 한다.

사람은 누구나 약하여 뜨겁게 믿음 생활 잘하다가 시험에 빠져 믿음을 떠날 수도 있고 실덕하여 하나님의 영광을 가리는 일을 할 수도 있다. 그러므로 그런 일이 생기면 비난하거나 흉보지 말고 내 가족처럼 따스하게 품어 다시 바르게 신앙생활 하도록 붙들어 주어야 한다.

나도 은사로 실수한 적이 있었다. 나는 하나님의 은혜로 대부분의 은사체험을 하였지만 통변은사를 받은 적이 없어서 통변은사를 주시라고 간절히 기도하고 기도했었다. 그래서인지 꿈에 내가 통변은사를 받아 방언 받은 성도들의 방언을 통역하는 모습을 보고 혹시 진짜로 내가 방언 통변은사를 받았는지 궁금하여 남편 김 목사님 방언을 통역해 보려고 한 부끄러운 실수를 하고 너무 민망하여 오랫동안 남편의 얼굴을 쳐다볼 수 없었다.

그리고 하나님의 도구로 사용되는 막중한 사명을 받았음에도 가끔 억울한 소리를 들으면 큰소리가 터져 나오고 분노하는 부끄러운 내 모습을 보고 너무 실망스러워 많은 회개를 하곤 한다. 그래서 야고보가 혀는 작은 불씨 같아서 잘못 사용하면 다 태울 수도 있다고 경고했다는 것을 깨달으며 입을 제단의 숯불로 지져 달라고 간구할 수밖에 없다. 참 부끄러운 나의 모습이다.

청년들을 데리고 떠난 전도사를 생각하면 마음이 아프다. 그리고 이해할 수 있었다. 그것은 어떤 경우에도 해서는 안 되는 일이었지만, 은사 체험하지 못해 본의 아니게 실수한 경우였기 때문이다.

사람은 누구나 실수할 수 있고 실덕할 수 있다. 베드로 같은 위대한 사도도 사랑하는 주님을 세 번이나 부인했다. 작은 시험에도 넘어지는 우리 같은 사람들은 하루도 주님의 도움 없이는 살아갈 수 없는 연약한 인간이다. 나도 첫 임지에 가서 해서는 안 되는 실수를 한 아픈 경험이 있다. 가는 교회마다 신뢰와 존경을 받으며 사역했던 김 목사님을 부임한지 얼마 안 된 상황임에도 내가 해서는 안 되는 말을 전하여 "이렇게 신뢰받지 못한 교회에서 사역할 수 없다."며 사표를 내게 한 오류를 범하고 말았다. 그 당시 나도, 교회 성도들도 모두 육에 속한 그리스도인이었기 때문에 저지른 실수였지만, 말을 가려서 해야 하는 사모가 사실 그대로 고자질하듯 다 말해 버려 생긴 절대 해서는 안 될 치명적인 실수였다.

나도 나의 실수와 오류로 빚어진 아픈 경험이 있었기에 청년들을 많이 데리고 나갔던 청년 담당 전도사의 실수를 용서할 수 있었고 이해할 수 있었다. 그리고 누구나 실수하는 나약한 인간일 뿐임을 뼈저리게 깨달으며 다시는 그 같은 실수를 하지 않겠다고 결심하여 나의 연약함을 주님께 맡기고 조심스럽게 겸허하게 실천하여 그 후로는 그 같은 실수를 하지 않게 되었다.

그런데 어인 까닭인지 억울한 소리를 들으면 나도 모르게 큰소리가 터져 나오는 나쁜 버릇이 잘 고쳐지지 않아 내 애간장을 태우고 있다.

〈 보석 같은 청죽교회 성도님들 이야기 〉

피를 나눈 형제처럼 진한 예수의 사랑으로 가족같이 하나 되어 모진 풍파를 이겨내고 함께 울고 함께 웃으며 우리 부부와 자녀들의 아픔을 함께해주신 청죽교회 성도님들은 진정한 내 가족이었고 형제였고 자녀들이었다.

재개발로 말미암아 또 특별한 사명으로 두 번이나 개척해야 했고, 3

번이나 이어 성전건축을 해야만 했었다. 건축헌금이 부담이 되어 성도들이 많이 떠날 법도 한데 청죽교회는 성전건축을 해도 다른 사정으로 교회를 떠난 경우는 있어도 건축헌금이 부담이 되어 교회를 떠나는 성도들은 몇 명 안 되었다. 그러나 이런저런 다른 이유로 정말 많이 떠나 성전건축을 제대로 할 수 있을까? 많이 우려들 했었다. 그러나 그 당시 성도들은 자발적으로 건축헌금을 하고 심지어 숨겨놓은 비상금, 돌 반지까지 다 건축헌금으로 하나님께 드렸다. 또한 물질이 안 되는 성도들은 몸으로 봉사하였고, 기도로 헌신하였다. 이렇게 모든 성도의 헌신적인 희생으로 완전한 2차 성전건축과 그리고 빚 하나 없이 지금의 아름다운 제3차 성전건축까지 완수한 기적 같은 큰일들을 이루어 주위를 놀라게 하였다.

하나님이 함께하시는 교회, 성령님이 역사하시는 교회, 살아있는 교회, 생명이 있는 교회라는 최고의 명성을 얻을 수 있었던 것은 다 성도님들의 덕분이었다. 청죽교회 성도님들은 우리 부부의 가족이었고 보석이었다. 그리고 이 모든 것은 하나님이 우리 부부에게 주신 최고의 선물이었다.

〈 우리 부모님 이야기 〉

내가 융모상 피암과 백혈병으로 광주 제중병원에 입원할 때 보호자로 오신 어머니는 위아래로 피를 쏟으며 자주 쓰러지고 죽어가는 내가

3개월도 못살지도 모른다는 진단이 내려지자 어머니가 더 먼저 쓰러지고 넘어지시며 식사도 못 하시는 것을 알게 된 병원 측에서 이러다가 어머니가 먼저 돌아가실 것 같으니 집으로 가시게 하고 다른 분이 보호자로 오도록 해야 한다는 말에 따라 다른 형제들은 학교 다니고 직장에 다녀야 했으므로 올 사람이 없어 아버지가 오시게 되었다.

  나는 한 번도 아버지가 집에서 집안일을 도와주시는 것을 본 적이 없었기에 보호자로서 무엇을 할 수 있겠는가? 그리 생각했었다. 그런데 놀라운 일이 벌어졌다. 아버지는 알뜰하게 살림 잘하는 아낙네처럼 어머니보다 여러모로 뛰어난 모습으로 보호자로서 역할을 다하여 병실에서 칭송이 자자했었다. 나는 아버지에게 그런 모습이 있을 줄 몰라서 신선한 충격을 받았었다. 뿐만 아니라 하나님을 믿지도 않는 아버지께서 전에 병문안 오셔서 내가 죽지 않고 살아 하나님의 영광을 선포하게 될 것이라고 말씀해 주셨던 천기윤 목사님처럼 "너는 죽지 않을 것이다. 분명 살아서 네가 믿는 하나님께 영광 돌리며 축복을 받으며 살 것이다. 너처럼 착하고 생각도 깊고 정도 깊은 사람이 어디 있겠느냐? 너는 분명 살아서 복을 누리며 살 것이다. 그러니 용기를 내라. 입맛이 없어도 억지로라도 먹어야 한다." 하시며 이것저것 사 오셔서 먹게 하셨던 아버지가 참으로 큰 믿음을 가지신 능력 있는 목사님처럼 위대하게만 보였다. 훌륭한 아버지의 모습이었다.

  얼마 후 아버지의 말씀대로 내가 죽지 않고 퇴원하게 된 것을 보신 아버지는 "네가 믿는 하나님은 정말 살아계신 하나님이시다. 나도 그 하나님을 믿겠다." 하시며 교회에 나가셨고 수많은 사람에게 내 이야기를 하여 많은 사람이 교회에 나가게 하시며 놀라운 일을 하셨다.

더 놀라운 것은 어머니의 변화였다. 예수님을 믿고 수많은 사람을 교회 나가도록 전도하시면서도 아버지를 원망하고 용서하지 못하시고 원통함을 풀지 않아 믿는 모습이 안타까웠는데 고생만 시키셨던 아버지를 용서하시고 화해하셔서 비로소 믿은 자의 모습으로 변한 어머니를 보고 놀라고 감격스러웠다.

〈나의 든든한 가족, 감사한 오라버니와 남동생들의 이야기〉

신사답고 훌륭한 인품을 가진 첫째 신양우 오빠

첫째라는 무게감 때문이었을까 오빠는 어릴적부터 누구보다도 진중하고 신사 같은 면모를 갖춘 재원이었다.

중앙대학교 법대를 졸업하고 판 검사가 되기 위해 힘썼으나 사법고시에 실패하고 사업에 뛰어 들어 동성건설 회사를 설립하여 성공하여 형제들까지 직원으로 영입해서 왕성하게 번창시켰었다. 그러나 사업이 번창하여 크게 확장하다 그만 쓴맛을 보게 되었다. 그 후 당시 국회의원이였던 고의원의 보좌관으로 일하셨고, 주변에서 국회의원 출마까지 권하여 추진하려했으나 경제적 뒷받침이 부족하여 결국 포기하셔야 했지만 오빠의 삶은 내게는 결단코 꿈도 꿀 수 없는 딴 세상 얘기만 같았다. 무일푼으로 시작해서 일궈낸 성과들은 오빠의 끈기와 열정으로 가능해진 것이 아닌가 싶다.

그리고 장남으로서의 책임감도 강해서 연로하고 아프신 아버지를 수년간 모신 효자다. 병환으로 누워 계시는 아버지를 오랫동안 모시는 것이 결코 쉬운 일이 아니었을텐데 그 무게를 마다하지 않고 짊어진 오빠 가정의 노고에 깊은 감사를 표한다.

개척할 때에도 물심양면으로 도움을 주셨고 나의 든든한 지원자가 되어 주셨다. 신앙인이 아님에도 불구하고 오빠는 성경의 선한 사마리아인처럼 선한 영향력을 보여주는 깊은 심성을 가진 분이셨다.

하지만 오빠를 생각하면 마음의 무거운 짐이 나의 어깨를 짓누르고 있다. 지극히 이성적인 오빠를 전도하기란 여간 어려운 일이 아니었다.

하지만 남편 김 목사님의 끊임없는 권유로 교회를 다니기 시작하셨는데 하필이면 교회 중진들의 불화로 문제가 되고 있는 교회를 나가서 신앙생활을 제대로 시작하기도 전에 마음의 불신만 쌓인 채 교회를 거부하게 되셨다. 얼마나 안타깝고 애통했는지 말로 다 할 수가 없었다. 그 후 다시 전도를 계속 시도했지만 한번 쌓인 불신의 벽은 도통 무너질 기미가 보이질 않는 것이다.

또 나의 불순종으로 인해서 뇌출혈로 쓰러지고 절뚝거리는 모습이 믿는 사람으로서 덕이 되지 못하는건 아닌지, 나의 모습이 혹여나 실족하게 만든건 아닌지, 실망하여 하나님을 외면하게 만든 것은 아닌지 하는 생각만 하면 침대를 적시며 밤을 지새운 날들도 많다.

제발 하나님의 사랑의 손길이 오빠의 맘을 녹여 주시길 간절히 기도한다.

난 이 순간에도 오빠의 영혼 구원을 위해서 기도하고 있고 나의 소원은 가족 구성원 모두가 하나님의 천국 백성이 되어 구원받는 믿음에 이르는 것이니 부디 다시 교회를 나가서서 예배드리는 날이 빨리 오기를 두 손 모아 간절히 소망한다.

나의 어려웠던 시간들을 함께 고민하고 사랑을 베풀어 주신 은혜 잊지 않겠습니다. 감사하고 고맙습니다.

나의 꿈을 지지해주고 응원해 준 고마운 내 동생 신전우

동생 전우는 명석한 두뇌로 우수한 성적으로 광주 광고를 졸업한 모범생이었다.

우리 가족 중에 나를 제외한 다른 형제들은 공부는 물론이고 예체능까지 다방면으로 다재다능했다.

그중에 전우는 보기에는 무뚝뚝해 보이지만 누구보다도 여리고 인정이 많아 남을 두루두루 살피는 착한 심성을 가졌었다.

나에게도 그 마음이 닿았던 일이 지금도 생생히 거억되어 지곤 한다.

당시 난 만화가라는 꿈을 꾸고 있었지만 가정 형편상 꿈을 접어야 하는 현실 앞에서 실의에 빠져 자신감을 점차 잃어 가고 있었고, 어떻게 해야 할지 해결할 방법을 찾지 못해 낙심하고 있었을 때였다. 그때 동생이 저금통 하나를 내밀었고, 그 하나의 저금통은 나의 인생의 판을 바꾸는 기회를 만들어 주었다.

얼핏 보아도 꾸깃꾸깃 모아진 지폐와 동전들은 오랫동안 모아진 것임을 짐작케 하였었다. 그렇게 선뜻 내민 애정 어린 손길이 나에게 온기를 더해주었고 첫발을 내디딜 수 있는 용기를 주었다.

심리적으로 위축된 마음으로 힘든 시간을 보내고 있는 그때에 전우의 지지가 나에게 응원이 되어 다시금 나를 일으켜 세워 주는 원동력이 되어 준 것이다.

바래 왔던 내 꿈들이 멀어져만 갈 때 선물처럼 다가온 손길이 얼마나 고마웠던지 위축 되었던 나의 감정은 어느새 온데간데 없어졌었다.

물론 만화가가 되기 위한 나의 여정은 결코 순탄치만은 않았다.

하지만 결과적으로는 그렇게 동생이 쏘아 올린 작은 공 하나가 나의 열정을 되살아나게 하였고 그로 인해 '성서 만화가'라는 포문을 열어준 열쇠가 되어 준 것이다. 전우는 나에게 있어서 평생 두고도 그 은혜를 다 갚을 수 없는 보배와 같은 존재이다. 전우의 지지와 도움이 없었다면 최초 성서 만화가는 꿈에도 바랄 수 없었을 것이다.

우리 부부가 개척하려고 할 때 전우가 건설회사에서 교회 하나 짓는 것은 어려운 문제가 아니므로 형님과 의논해서 성전건축을 해주겠다고 했었다. 그러나 김목사님께서는 하나님께서 스스로 개척하라고 하셨으므로 고마움은 마음으로만 받겠다고 하며 거절했었다.

남편은 연희동 교회에서도 담임으로 청빙했었는데 하나님께서 스스로 개척하라고 하셨다고 하면서 편하게 사역할 수 있는 길을 거절하고 하나님 뜻에 따라 힘든 사역의 길을 마다하지 않았다.

그 후 개척할 당시에도 신앙생활을 하지 않았던 동생이 당시에는 자신 역시 여유롭지 못했을 텐데 개척에 도움이 되길 바라는 마음으로 헌금을 보내주었고 당시의 화폐 가치로 생각하면 꽤나 큰 돈을 몇 차례나 보내주곤 했었다. 지금 생각해 보면 믿음도 없는 동생의 그 마음은 누나를 걱정하는 마음에서 비롯된 것인데 어찌 그때에는 감사의 표현을 제대로 하지 못했을까 싶다.

개척을 하는 동안 수없이 많은 여러 가지의 고비가 찾아왔었고 일상이 불가능할 만큼 궁핍했기 때문이었을까? 다시 생각해 보아도 스스로가 이해가 되지 않고 미안함에 마음이 무겁다. 각자의 가정을 꾸리고 독립된 생활을 하면서 그렇게 마음 쓰기가 쉽지 않은 일인데 더욱이 신앙이 없는 사람이 교회에 헌금을 한다는 것은 어떻게 하면 누나를 도울까 하는 진정 어린 마음이 아니었다면 불가능했을 텐데 그 마음을 제대로 살피지 못했다는 것에 죄책감이 몰려왔다. 아무리 기억도 가물가물한 오래전 일이라지만 동생에 대한 고마움을 충분히 느끼고 있었건만 왜 말로는 표현을 제대로 못한 것일까? 스스로에게 질문하고 또 질문해 본다.

시간이 많이 지났지만 이 글을 통해서 고마운 마음을 전합니다.

다시 한번 감사하고 감사하고 고마웠다는 것을… 그리고 그런 동생과 같은 마음들이 모여서 지금의 청죽교회가 이루어질 수 있었음을 고백하며 감사합니다.

이뿐 아니라 동생은 어머니를 모시고 마지막까지 곁을 지켜준 고마운 동생이다. 못난 누나는 개척이라는 굴레에서 끝내 벗어나지 못하였고 사랑하는 어머니를 결국 모시지 못한 불효로 지금까지 가슴 아파하며 살아가고 있기에 그 고마움은 어떤 것과도 비교할 수 없을 정도로 크고 귀한 것이었다. 그 후 동생은 공인중개사 자격증을 따서 중개업을 했고, 지금은 넓은 평수의 농지를 사서 그곳에서 추수한 쌀을 가을

이면 정성스럽게 소분까지 해서 두고 먹기 편하게 하여 매년 잊지 않고 보내주고 있다. 늘 이렇듯 맘을 써주는 동생이 너무도 고맙고 감사하다. 알고 보면 동생은 내가 인생의 기로에 서 있을 때마다 손 내밀어준 선물과 같은 존재이다. 그렇기에 더욱이 동생이 예수님을 믿고 구원 받는 신앙인이 되기를 간절히 소망하며 기도하고 있다.

착하다고 구원받는 것은 아니기 때문에, 동생이 교회 안 가는 것이 나의 모습 때문은 아닌가 생각하면 눈물이 마를 날이 없고 내 애간장이 탄다.

다행히 올케와 조카가 신앙생활을 하고 있다는 것에 소망을 두고 가족들과 나의 간절한 소망과 기도가 합하여 꼭 교회에 나가 반드시 천국 시민이 되기를 간절히 기도하고 있고 이것이 내 평생의 소원이 되었다.

'신철우' 이름만 들어도 눈물짓게 하는 이름, 그리운 내 막내동생

철우는 어렸을 적부터 영민하고 좋은 두뇌를 가져서 나의 부러움의 대상이기도 했고, 수재들만 갈 수 있는 광주일고를 우수한 성적으로 입학하여 내 고향 담양에서 화제의 인물이 되기도 했었다. 더욱 놀라운 것은 그 광주일고에서도 최상위권을 유지하여 장래가 촉망되는 유망주로 손꼽혔었다. 그러나 그 시절은 그리 오래가지 못했다. 여러 가지 가정사로 인하여 가정형편은 점차 회복의 기미조차 없을 만큼 기울어져 갔고, 집은 고사하고 어머니께서 고생하여 사 두셨던 감나무와 포도밭까지 빚으로 내어주고 끝내 아주 조그마한 초가집으로 거처를 옮

겨야 하는 실정에 놓이게 되었다. 동생은 이런 예기치 못한 일로 인한 절망과 어려움을 겪어내는 방법을 몰랐는지 그 답을 세상의 방법으로 찾다 보니 결국 커다란 시행착오를 겪게 되었다. 끝내 그 이후로 동대문파의 조직원이 되었고, 더 나아가 동대문파의 두목까지 되어 방탕한 생활을 이어갔다.

어린 나이여서 그랬을까 철우는 초라하기 그지없는 환경을 결국 받아들이지 못하고 방황하게 된 것이다. 유망주로써의 삶은 뒤로하고 급격하게 자신을 놓아 버렸다. 인생의 성공과 안정된 삶을 기대하던 가족의 바램을 무색하게 만들기에 충분했다.

하지만 우리 부부는 그런 남동생을 결코 놓지 않았고, 잊지 않았고, 끊임없이 기도하고 있었다. 그렇게 시간은 흘러갔고 오랜 시간이 흐른 뒤 드디어 하나님의 응답이 있으셨다. 김 목사님의 전도로 남동생이 과거 청산을 하고 예수님을 영접하게 된 것이다.

기도는 했지만 지금 돌이켜 생각해봐도 참으로 믿기지 않는 일이었다. 철우는 회심의 눈물을 흘리고 가슴을 치며 그간의 모든 죄를 쏟아 내었다. 그 모습이 어찌나 아름답게 보이던지 지금도 눈에 선하다.

그러나 오랜 건달 생활이 몸에 배어 있어서인지 자복하고 회개를 하였어도 그간의 나쁜 습관이 쉽사리 바뀌지는 않아서 우리 부부의 애간장을 태우기도 했었다. 그렇지만 하나님은 끊임없이 기도하는 이를 외면하지 않으시고 손 내밀어 잡아 주셨다. 하나님의 따스한 그 손길로 인하여 그제서야 하나하나씩 바로 세워져 갔다.

청죽교회에서 모든 이들의 삼촌이 되어 신앙의 본보기가 되어 주었고, 매일매일 이어진 성전건축을 위한 골방 기도도 누구보다도 앞장서서 솔선수범하였다.

지금 생각해 보면 남편인 김 목사님께 참 감사하다.

이런 동생이 신학 공부를 하고 전도사가 될 수 있도록 입학에서부터 졸업까지 책값, 차비, 용돈 등을 모두 최선에 최선을 다해 지원해 주셨다.

그 시절은 우리 빚 갚기도 어려웠던 때라 그 감사함은 말로 하기 어려울 정도였다. 과거 청산을 하며 맨몸으로 나온 터라 김 목사님의 절대적인 지원과 지지가 없었더라면 불가능했을 것이다.

그래서인지 후에 철우는 김목사님과 내 생일 때가 되면 잊지 않고 때때로 찾아와 큰 절을 하고 아버지 어머니 같은 분들이라며 그 은혜를 잊지 않겠다고 용돈과 함께 감사를 전하곤 했다. 동생은 늦은 나이임에도 신학교를 졸업하고 미자립 교회에서 강도사로 사역까지 하게 되었다. 어렸을 적 영석했던 머리는 그때에도 유효했었다. 그리고 철우는 강도사로 사역하면서 건달과 부랑자들을 전도하는 일을 게을리하지 않았다. 그리하여 많은 건달과 부랑자들이 하나님을 영접하고 하나님의 자녀가 되어 변화하는 기적과 같은 간증들이 수도 없이 나왔었다.

하나님의 섭리는 인간의 머리로는 가늠할 수 없는 놀라움 그 자체였다. 하나님께서 많은 영혼을 구원하시고자 철우를 도구로 사용하고 계심을 확신할 수 있었다.

그렇게 늘 기도하며 울부짖던 남동생은 하나님 뜻에 따라 박 권사님과 믿음의 좋은 동반자로 함께 하기로 하고 모든 것이 여의치 않은 상황이라 두 사람은 약식 결혼식을 하며 부부의 연을 맺게 되었다.

소수의 교인들이 참석한 조촐한 결혼식이었지만 어느 때보다도 은혜롭고 감개무량한 날이었다. 어려운 가운데에서도 두 사람은 누구보다도 서로 아끼고 사랑하고 존중하는 모습으로 보는 이들을 흐뭇하게 했다. 이대로 오랫동안 그 행복을 이어 갔으면 좋으련만… 동생은 지병 간경화로 갑자기 급속도로 몸이 쇠약해져 갔고 안 좋아지는 건강을 붙잡을 길이 없었다. 복수가 차올랐고, 체중도 많이 빠져서 급기야 부축해야만 걸을 수 있을 정도로 약해져만 갔다. 아내인 박 권사님이 헌신적으로 기도와 간병 하는 일에 온 힘을 다했지만 끝끝내 하나님 곁으로 떠나고 말았다. 건달 생활을 하는 동안 방탕한 생활로 몸이 망가질 대로 망가져 있던 것이 몸이 더이상 못 버틴 것이 아닌가 싶다고 투병 중에 동생이 말했었다. 건달 생활을 하던 나를 하나님께서 불러 주시고 자녀 삼아주셔서 감사하다고 마지막까지 간증하는 동생이었다. 곁을 빨리 떠나서 너무나 아프고 안타깝기만 하지만 어두움을 밝히는 빛과 같았고, 등대 같았고, 짧지만 참으로 아름답게 살다간 동생 신철우 강도사였다.

마지막까지 모든 아픔을 같이하고 얼굴 한 번 찌푸리지 않고 함께 해 주신 박 권사님께 감사함을 전한다.

박 권사님 덕분에 나의 동생이 더욱 빛날 수 있었고 흔들리지 않는 믿음으로 더욱 굳건해 질 수 있었다고 생각하기에 더욱 감사합니다.

또 입원해 있을 때 자기 일처럼 아파하고 여러 가지 방법으로 도움을 주시고 큰 힘이 되어 주신 이혁신 안수집사님, 이선영 권사님께도 동생을 대신해서 감사를 전합니다.

조폭때 교도소를 드나들었을 때 김 목사님의 교회 친구인 박주창 장로님이 많은 도움을 주셨는데, 그때 고마운 마음을 이글을 통해서 전합니다. 정말 감사했습니다. 그 때 일을 잊지 않고 기도하고 있습니다.

내 인생의 여정에서 여자 형제들 역시 디딤돌이 되어 주었고 주춧돌이 되어 주었다. 여형제들은 삶의 현장 그 속에서 함께 이끌어 준 없어서는 안 될 나의 동역자들이었다.

함께이기에 가능할 수 있었던 모든 순간에 감사드리고 나의 부족함에도 믿고 응원하고 기도해 주어서 거듭 감사드립니다. 남은 여정은 믿지 않는 형제들을 위해 합심해서 중보하며 사는 것이 우리의 사명이 되지 않을까 생각이 듭니다. 사랑합니다.

〈 하나님의 은혜 〉

본서부병원에 입원하여 후유증이 많고 어렵다는 허리 신경 수술을 뛰어난 의술로 소문이 난 신경과 천세훈 선생님에게 수술을 잘 받았다. 신경과 선생님이나 정형외과 이승엽 원장님 같으신 분을 만난 것을 다시 한번 하나님 아버지께 감사를 드린다. 그리고 은퇴한 지 오래되었기에 찾지 않을 줄 알았는데, 계속 청죽교회 성도님들이 찾아오시고, 어떤 권사님은 두 번 세 번까지 오시고, 계속 성도님들이 병문안 오시자 병원의 화제가 되어서 신옥자 환자는 어떤 사람이기에 이렇게 많은 사람이 계속 병문안 오느냐고 내게 묻곤 했었다. 내가 마치 유명 인

사라도 되는 듯 부러워했었다. 참으로 흐뭇하고 감격스러웠다. 은퇴한 지 오래되어 잊을 법도 하련만 지금까지 나를 잊지 않고 있었다니! 참으로 뜨거운 감사의 눈물이 저절로 흘러내렸다.

딸 사라도 놀랐는지 이 사실을 오빠 김종민 목사에게 이야기했더니 엄마는 그런 대접을 받을 자격이 있다. 엄마 아빠가 흘리는 눈물과 기도와 희생이 없었다면 오늘의 청죽교회의 기적 같은 축복의 역사는 없었을 것이라고 말했다는 말을 듣고 왈칵 눈물이 쏟아졌다. 아주 어릴 때 일이었는데 어린 아들이 그렇게 느꼈다는 것이 참으로 감격스러웠다. 한꺼번에 그때 그 아픔들이 다 보상받은 것 같았다.

우리 부부가 사랑하는 청죽교회 성도님들과 가족 같이 하나 되어 함께 울고 웃으며 교회를 지켜내려고 피눈물을 흘리며, 악령의 충동에 이단과 합세하여 교회를 쫓아내려고 혈안이 되어있었던 억센 주민들을 꺾고 교회를 세우고 건축에 승리했던 그날들이 떠올랐다.

거기에다 간경화로 사형선고와 같은 진단을 받고 살 소망이 끊어졌던 남편 김 목사님이 얼마 못 산다는 진단까지 나와 하늘이 무너지고 땅이 꺼진 것 같아 어린아이들을 끌어안고 눈물이 폭포수처럼 쏟아졌던 그날이 생각났다.

이 어린것들을 데리고 어디로 가야 한단 말인가? 아무리 살펴봐도 갈 곳도 없고 의지할 때가 없어 어떻게 살아가야 한단 말인가? 절망했던 그날들이 생생하게 떠올랐다.

성도님들도 아마 그때의 절망 가운데 경험했던 하나님의 은혜로 교회도 지켜낼 수 있었고 남편 김 목사님과 조 안수집사님을 비롯한 많은 성도님도 병마에서 건짐을 받았던 기적의 역사들을 잊지 못하고 있는 것 같았다. 그래서 하나님의 은혜를 잊을 수 없어 계속 찾아오시는 것 같아 더욱 감격스러웠다.

철없는 아이들이었는데 벌써 장성하여 이제는 우리 부부의 든든한 울타리가 되어주고 힘이 되어주고 있으니 참으로 감격스러웠다. 더욱 감사한 것은 죽음 문턱까지 갔다가 기적처럼 살아 내 품으로 돌아왔기에 힘을 내서 싸워 승리할 수 있었기에 아이들은 내 인생을 반짝반짝 빛나게 해준 귀한 보석이고 가장 귀하고 소중한 보배이다.

2부

신비롭고 경이로운 하나님의 은혜를 체험한

성도들의 이야기

신비롭고 경이로운 하나님의 은혜를 체험한
성도들의 이야기

(일부는 2003년에 출판한 〈 신앙에는 깊은 밤이 있소이다 〉에 실린 간증을 옮김)

"항상 기뻐하라 쉬지 말고 기도하라 범사에 감사하라 이것이 그리스도 예수

안에서 너희를 향하신 하나님의 뜻이니라"(데살로니가전서 5장 16절~18절)

배영희 집사(청죽교회)

시어머니께서 류마치스 관절염으로 2년 정도 앓고 계셨는데, 걸으시면 다리가 아프셔서 잘 걷지 않고 누워만 계셨다. 병원에서는 다리가 굳기 때문에 자주 걸으라고 하셨으나 어머니께선 걸으면 아프다고 누워만 계셔서 결국은 무릎이 굳어 더 이상 걸을 수가 없게 되어 병원에 모시고 갈 때는 두 사람이 들어서 차에 태워드려야만 했다.

하루는 청죽교회 신옥자 목사님께서 하나님께 어머니를 위하여 기도하시던 중 두 분 목사님의 안수기도를 통하여 치료해주시겠다는 응답을 받았다고 하시면서, 김경곤 당회장 목사님과 함께 집에 오셨다.

어머니는 누워 계셨고 나는 옆에 앉아서 고개를 숙이고 가볍게 기도하고 있었는데 1시간가량 두 분이 힘써 기도하신 후 김 목사님과 신 목사님이 어머니 머리에 손을 얹으신 후 "예수의 이름으로 예수의 권세

로 명하노니 일어나 걸으라." 명령하시자 지진이 일어난 것처럼 집터가 움직이는 강한 진동이 일어나(하나님의 임재가 강하게 나타났을 때 일어난 현상) 갑자기 내 몸이 뜨거워지면서 눈물이 나고 몸이 심하게 떨리는 현상이 일어났다, 믿기만 하면 순종하기만 하면 크고 놀라운 하나님의 역사를 보게 될 것이라고 신 목사님이 말씀하셨다. 그리고 시어머니를 일으켜 세우라 하셔서 그대로 순종하였었다.

그리고 "하나님께서 할머니께 은혜를 베푸셔서 고쳐서 걷게 하실 것이니 믿고 걸으세요." 신 목사님께서 큰소리로 말씀하셨다. 처음에는 신 목사님이 부축해 드렸고, 무릎이 굳어서 더 이상 걸을 수 없다고 진단을 받은 시어머니께서는 일어나셔서 넓고 긴 거실을 한 바퀴 도시고 목사님이 가신 후에도 거실을 여러 바퀴 도시면서 기뻐하셨다. 누워 계셔서 꼼짝 못하신 지 약 8개월 후의 일이었다.

그러나 치료해주신 하나님께 감사하지 않으시고 좋은 약을 먹어서 이렇게 나았다고 말씀하신 어머니는 다시 자리에 누워 일어나지 못하셨고 결국 2달 후에 돌아가셨다. 하나님의 치료 능력을 체험하셨음에도 불구하고 하나님이 치료해 주셨다는 것을 입술로 시인하지 않고 오히려 "기도 받아서 나았나? 좋은 약을 먹어서 나았지."라고 말씀하신 어머니는 다시 누우셨고 결국을 돌아가신 것을 보면서 하나님의 능력을 인정하지 않으면 다시 재발할 수 있다는 것을 알게 되었다.

이덕순 사모(소망교회)

청죽교회가 서부병원 맞은편에서 개척하던 당시에 나는 자궁 왼쪽 윗부분에 돌덩이 같은 멍울이 있었는데, 그 아픔은 이루 말할 수 없어 한번 진통이 오면 손이 닳을 정도로 방을 누비고 다녔다. 진통도 처음에는 20시간마다 오더니 갈수록 진통 오는 시간이 두 시간씩 앞당겨지고 통증도 더 심해져 갔다.

그때 청죽교회에서 신유 은사(치료 능력)를 강하게 받은 김지심 권사(전도사)님을 모시고 부흥회를 열었는데 청죽교회 고은숙 집사님(현 권사)의 강력한 권유와 남편의 권유로 마음이 내키지 않아 정말 가기 싫었으나 마지못해 참석하게 되었다.

당시에 우리 집에서 청죽교회로 가기 위해서는 두세 번 버스를 갈아타야 했었는데 그날도 버스를 타고 가는 중에 통증이 오기 시작했고, 너무 아파 견딜 수가 없어 계속 울면서 "하나님 저를 치료해 주세요." 간절히 기도하는 중에 하나님께서 "통증이 없는 것이 증거다."라는 말씀을 해 주셨다. 버스 안에서의 아픔은 계속되었고, 혹의 크기와 통증의 심한 정도로 봐서는 수술을 해도 대 수술을 해야 될 것 같았고, 수술을 하면 돈도 많이 들 뿐만 아니라, 수술받아도 산다는 보장도 없어서 이대로 생명이 꺼져가며 죽는 것보다 생명 걸고 기도하는 것이 나을 것 같아서 생명을 걸고 기도해야겠다는 마음으로 저녁 집회에 참석하게 되었다. 집회 때 감사헌금을 올렸더니 강사님이 감사예물을 보고 더 귀한 것을 바치라고 말씀하셔서 나는 한 뭉치 돈을 생각하며 집에 가서 남편에게 말했으나 당시 우리도 개척하고 있었던 터라 쉽지가 않았다.

결국 내가 생각한 한 뭉치 돈을 준비하지 못하고 다시 부흥회에 참석했고, 저녁 집회가 끝난 후 모두 간 후에 하나님께 생명을 건 기도를 드리기 시작했다. 계속 죽기를 각오하고 기도하는데 주변에 잠자던 사람들이 시끄럽다고 잠 좀 자라고 야단을 쳤으나 내 생명이 꺼져가는 형편이었기에 아랑곳하지 않고 계속 울면서 하나님께 살려달라고 혼신의 기도를 드리고 있었다.

한참 기도하고 있는데 청죽교회 신옥자 목사님(당시에는 사모였음)께서 나에게 오셔서 아픈 부위에 손을 얹고 간단히 기도해 주신 후에 돌아가셨다. 그런데 놀랍게도 그토록 아파서 울면서 애걸복걸했었는데 신 목사님의 기도 후에 나 또한 내가 아프다는 사실 자체를 완전히 잊어버리고 다음 집회까지 은혜받는 데만 전념하게 되었다. 신경순 전도사님(당시 청죽교회 전도사)께서 나에게 오셔서 아픈데 괜찮냐고 물어보시는 순간 깜짝 놀라 환부에 손을 대보니 환부의 돌덩어리가 없어진 것뿐만 아니라 통증도 완전히 없어졌다는 사실을 그때에야 알았다. 그날 이후 지금까지 전혀 아프지 않고 멍울도 생기지 않았다.

당시에 신 목사님이 잠을 청하는데 머리가 너무 아파서 잠을 잘 수가 없으니 차라리 가서 기도하자 하고 교회로 나오셨는데, 내가 너무 애절하게 울면서 기도하고 있어 목사님의 애간장이 다 녹아 견딜 수 없으므로 나에게 오셨는데, 목사님의 의지와 상관없이 내 배에 손을 얹게 되셨고, 그와 동시에 머리가 전혀 아프지 않아 내가 치료되었다는 사실도 전혀 모르시고 그냥 가서 주무셨다고 한다.

귀한 것 바치라는 부흥 강사님을 통한 하나님의 말씀에 난 한 뭉치 돈만 생각했었는데, 감사헌금도 귀하게 여기시지만, 생명을 건 눈물의 기도도 귀하게 받으신다는 것을 알았고, 하나님의 은혜에 너무 감사해서 그 후에 청죽교회에 성찬기, 성구, 커튼 등을 드리며 하나님께 감사했다.

그 후로 지금까지 하나님께서는 신 목사님을 통하여 말씀하시면서 형통한 지름길로 인도하시길 원하셨으나 알아듣지 못하여 불순종하여 고난을 자초하게 되었고, 지난 다음에야 하나님께서 신 목사님을 통하여 말씀하셨다는 것을 깨닫곤 한다.

교회 건축할 때도 성전을 떠나지 말고 거죽을 뒤집어쓰고서라도 간절히 기도하라고 하셨지만, 그때 기도가 부족하여 지금도 고난 속에서 고통스러워하며 아파한다.

강여주 사모 (2008년경에 기록한 간증)

치료해주신 하나님께 모든 영광을 돌립니다.

지난 9월 30일 주일 11시 예배 때 설교하시는 목사님의 모습을 보고 마음이 갑자기 아팠습니다. 다리가 아파 힘들어하시는 거 같아서 속으로 기도하는데 한기가 들면서 갑자기 토할 거 같고 어지러웠습니다. 설교 중간에 나가면 안 될 거 같아 끝나면 나가야지 하고 손을 눌러가며 참았다가 설교 후 목사님이 기도하실 때 일어나 뒤에 앉아 있는 홍은영 집사님에게 헌금을 부탁하고 겨우 본당 유리문을 밀고 나왔습니다. 그러고 나서는 기억이 없습니다. 나중에 들은 얘기지만 이용훈 전도사님이 저를 1층으로 데리고 가주시고 고광옥 집사님이 기도 해주시고 토하는 저를 도와주셨다고 합니다. 119를 타고 세란 병원에 옮기고 하는 과정부터 화요일까지의 기억은 거의 대부분 없습니다.

입원 첫날 목사님과 집사님들이 오셔서 기도해 주시고 많은 성도님의 사랑과 기도가 있었습니다. 저에게 언제나 어머니같이 해주시는 다비다 권사님, 집사님들, 밤을 새워 간호해주신 두 분 집사님들도 감사드리고 병실을 찾아오셔서 위로해 주시고 기도해 주신 모든 분께 감사드립니다.

그런데 화요일 아침에 고광옥 집사님과 박창훈 집사님이 오셨는데 제가 고광옥 집사님에게 신 목사님이 보고 싶었다고 했답니다. '시, 시, 시...'했더니 '신 목사님?'하고 고개를 끄덕였고, '보, 보, 보'하고 말해서 '보고 싶다고?' 하고 물어보아서 고개를 끄덕인 수준이라고 했습니다. 그런데 이 부분도 기억이 없습니다. 그래서 고광옥 집사님이 박정숙 집사님에게 전화를 걸었더니 신 목사님이 저희 병원에 오고 싶다고 하셨다고 합니다.

신 목사님께서는 새벽부터 성령의 감동하심으로 저의 병실에 오시려고 준비하고 계셨는데 아침부터 담임목사님께서 볼 일이 있으셔서 밤 늦게까지 일을 보셨는데, 연락도 되지 않았습니다. 담임목사님과 함께 오시고 싶었으나 늦게까지 들어오시지 않아 김미순, 박정숙 집사님과 함께 오시게 되었다고 합니다.

병원에 오셨는데 제가 신 목사님을 보고 잘못했다고 울면서 말하고 사랑한다고도 했다고 합니다. 신 목사님께서 제 손을 잡고 기도하셨는데, 제가 머리 위로 목사님 손을 잡아 올리자 신 목사님께서 방언 기도를 해주셨다고 합니다. 성령의 강권하심으로 기도하신 것이지 신 목사님은 성령의 감동이 없으면 기도도 안 해주시는 분이십니다.

제가 기억하는 부분은 신 목사님께서 기도해 주신 부분밖에 없습니다. "하나님의 능력을 보여주시옵소서. 하나님의 뜻을 이루어 주옵소서. 예수님의 이름으로 일어날지어다." 제 귀에는 분명 우리말로 기도해 주셨는데 방언기도였다니! 신 목사님께서는 몸이 불편하신 이후로는 병문안은 물론 안수기도도 안 해주셨는데 이날은 다 해주신 날입니다. 성령님의 역사요 하나님의 뜻이 있었기에 모두 행하신 것입니다.

그날 밤 저는 밝고 빛나는 빛 가운데 흰옷을 입은 예수님께서 제 몸을 머리부터 다 만지시고 두 발을 잡고 "일어나라 여주야" 하셨습니다. 제가 일어나자 옆 환자 두 분을 만져주라고 하셨습니다. 그대로 순종하고 제자리에 와서 다시 기억을 잃었습니다. 그날 한명아 집사님이 같이 계셨는데 제가 알아들을 수 없는 소리로 중얼거리기에 일어나 보니 하고 있었던 기저귀(일어날 수 없어 소변용 기저귀를 하고 있었습니다)를 뺐다고 막 웃으면서 전도사님께 전화해달라고 더듬거리며 말했답니다. 전화로 예수님께서 만져주셨다고 말하고 막 웃으며 좋아했다고 합니다.

간호사가 종이컵을 주며 소변 받으라고 하니까 화장실 갈 수 있다고 해서 한명아 집사님과 화장실을 갔다 오고 바로 쓰러져 숨이 다시 고

르지 못하고 힘들어해 산소 호흡기를 하고 안정제를 맞고 잠이 들었답니다.

얼마 후 깼는데 저는 아주 단잠을 자고 일어난 것 같이 제 평생에 이렇게 단잠은 처음인 것 같았습니다. 손에 주삿바늘이 꽂혀 있고 우리 집도 아니고 한명아 집사님이 계셔서 "집사님 왜 여기 계셔요?" 하고 말하고 옆에 보니 침대에 "어 꿈에 본 분들이 계시네?" 하고 말했습니다. 집사님과 환자분들이 너무 놀라 저를 쳐다보시며 "말을 똑바로 하네!" 하고 말하는 것입니다. 저는 꿈꾼 것 같았는데 제가 의식이 없었던 것, 말 못 한 것 여러 가지 기억은 없습니다. 몇 가지만 아주 또렷합니다. 제가 말도 하고 걸어 다니자 모두들 놀라워했습니다. 같은 병실은 물론 다른 병실 환자도 청소하시는 분도 간호사도 의사도 저를 놀란 눈으로 보셨고 기적이라고 했습니다. 이때 전도도 됐습니다.

하나님의 계획하심은 정말 작은 거 하나까지도 다 준비해놓으시는 것 같습니다. 의사나 어떤 분들은 제가 신경성이나 피로 압박으로 이런 일이 있어났다고 하지만 아닙니다. 저는 도구로 쓰여짐을 압니다. 왜 교회에서 사람들이 다 보는 가운데 병원으로 실려 가고 하였겠습니까. 오랫동안 병문안은 물론 안수기도도 안 하시던 신 목사님께서 왜 병원에 오셨겠습니까. 제게 주시는 은혜도 있지만 청죽교회에 주시는 은혜도 있습니다.

저는 주일에 나누어 주신 신 목사님 유인물보고 깜짝 놀랐습니다. "순종" 이 말씀은 하나님께서 음성으로 제게 주신 말씀입니다. 신 목사님께는 벌써 하나님께서 쓰게 하셨고 저는 그 증거로 쓰임 받은 것입니다. 예레미야 시대에 많은 선지자와 예언들이 있었지만 하나님은 오직 예레미야를 선택하시어 말씀하셨고, 결국 이스라엘의 회복을 예레미야를 통해서 이루신 것을 압니다. 그때 예레미야를 통한 하나님의 경고를 무시한 사람들은 다 하나님의 벌을 받은 것을 우리는 성경을 통해 알 수 있습니다. 먼저 하나님 말씀에 순종하고 목사님 말씀에 순종하는 것 가장 쉬운 것 같으나 가장 어려운 것 이것을 제게 깨닫게 해주신 것입니다. 저의 시댁 어른들은 물론 시누이들까지도 변화가 왔고 감사가 넘쳤습니다.

저에게 보여주신 것 중에 또 하나 청죽교회 입구 문 앞에 예수님께서 서서 저에게 빨리 오라고 손짓하셨습니다. 저는 교회에 너무 오고 싶었고 퇴원하는 날 병원에서 집으로 가지 않고 교회로 왔습니다. 교회에 담임목사님께서 계시면 좋겠다고 생각했는데 목사님도 계셨습니다. 본당에 올라가 맨 앞자리에 앉아 전도사님과 눈물로 감사의 기도를 드렸습니다. 어디서 그런 힘이 나는지… 그 뒤 담임목사님을 뵈는데 얼마나 감사한지… 하나님께서 청죽교회를 너무 사랑하십니다. 담임목사님의 말씀 능력과 신옥자 목사님의 영적 능력, 성도님들의 사랑을 기뻐하십니다. 하나님의 말씀과 두 분 목사님의 말씀에 순종해야 합니다. 대충 순종이 아니라 온전히 100% 순종을 해야 합니다. 그리고 기도해야 합니다.

이 간증을 얼마 전에 강단에 올라가 하는데 하나님은 성도님들의 마음을 보여주셨습니다. 나의 간증을 열심히 듣는 분들 중에 나의 간증을 완강히 거부하면서 받아들이지 않는 마음을 갖는 분들을 보여주셨습니다. 비웃는 모습도 보여주셨습니다.

그러나 나의 간증은 오직 하나님의 영광과 하나님의 뜻을 위해 할 수밖에 없었습니다.

청죽교회에 오기 전에 일한다는 핑계로 새벽예배는 나가는 날이 손가락으로 꼽힐 정도로 엉망이었습니다. 지난번 병원에 실려 가기 전까지도 여러 가지 핑계를 대며 새벽예배 나갈 시간만 되면 전도사님 마음을 아프게 했습니다. 하나님께서 얼마나 안타까워하셨을까 생각만 해도 눈물을 흘리며 회개했습니다.

병원 퇴원 후에 새벽기도는 빠지지 않겠다는 결심을 했는데, 시간이 지난 후 감기몸살로, 팔 인대가 늘어나 부은 통증으로 여러 번 빠지게 되어 '이렇게 나약한 모습이 나의 모습이구나'라고 인정하고 회개하며 다시 새벽 첫 시간에 만나 주실 하나님의 말씀을 기대하며 새벽 예배를 드리고 있었습니다.

언제나 목사님을 통하여 주시는 말씀에 은혜가 되고 매일 삶의 모습으로 연장하려 노력하는 중입니다.

지난 12월 28일 금요일 새벽에는 4시에 일어나 준비하며 하나님께서 나에게 원하시는 바가 무엇인지, 확실한 증거를 보여달라고 기도해야 겠다는 마음으로 교회에 갔습니다. 시편 119편 : 156~160절 오늘 말씀에 은혜가 넘쳤습니다. 감사의 기도를 드리는데 '교회를 위해 기도하라'는 음성이 들렸습니다. 방언으로 기도하기 시작했는데 교회를 위해 기도하는데 마음이 아프며 눈물이 계속 흘렀습니다.

저는 통변의 은사는 없습니다. 교회를 위해서 기도한다고만 알뿐이지 내용을 모릅니다. 천사들이 서 있는 것이 보였고 예수님께서 병원에서 만나주실 때 모습으로 옆에 계셨습니다. 제게 박정숙을 만져주라 하셨습니다. 저는 그저 네 하고 일어났는데 몸이 퇴원할 때 가벼웠던 것처럼 너무 가벼워짐을 느꼈습니다. 예수님께서 저와 같이 맨 뒷자리에 있는 박정숙 집사님께로 가며 주신 음성은 "박정숙은 담대하라, 걱정과 근심을 내려놓으라, 신 목사님께 완전 순종하라", "신 목사님을 소극적으로 섬기고 있다. 적극적으로 섬겨라"는 말씀을 하셨습니다.

집사님께 가서 만져주라는 곳을 만졌는데 저는 제 의지와는 상관없이 기도가 되었습니다. 방언으로 기도하는 중 가끔 우리말로 말을 하는데 "내가 함께하리라", "해결하리라", "강하고 담대하라"를 방언기도 중 드문드문 우리말로 하고 있었습니다. 제자리로 어떻게 왔는지도 모르겠습니다. 걸어 다니는 것이 아니라 둥둥 떠서 들려가는 것 같았습니다.

그때 박 집사님이 내 모습을 봤을 때 무아지경에서 어떤 힘에 의해 울면서 기도하는 모습이었고, 제자리로 돌아가는 모습이 무의식중에 이끌려가는 모습이었다고 했습니다. 제 자리로 와서 저는 제 몸속이 텅 빈 것 같고 어지러웠습니다. 집에 오는데 너무 힘이 들고 지쳐 버리게 되었습니다.

잠시 후에 전도사님이 와서 왜 그러냐고 묻길래 기도해달라고 하고 기도 후에 잠을 잤습니다. 일어난 후 오늘 처음 있는 이 일이 무슨 일일까? 하나님께서 뭘 원하시는 것일까? 말씀을 읽으며 기도하는데 신 목사님께 여쭤보고 싶은 마음이 계속 들어 전화 드렸습니다. 목사님께서는 집중적으로 기도하면 답을 주실 것이라며 같이 기도해 주시겠다고 하셨습니다.

99.9%는 불순종입니다. 100%만이 완전 순종입니다.

하나님께 순종하는 것처럼 보이게 하기 위해 사단이 여러 가지 방법으로 우리를 미혹하기도 합니다. 우리가 보기에 이 정도면 되겠지 하고 '난 최선을 다 했어'라고 자기 스스로를 위로 할 때도 있지만, 하나님이 보시기에는 순종이 아니라는 사실을 알려주셨습니다.

김 목사님의 말씀과 신 목사님의 영적 지도에 완전 순종해야 합니다. 많은 분들이 예언을 통하여 신 목사님의 사명을 말씀하셨다고 들었습니다. 그러면서 신 목사님을 '감히 인간의 눈으로 판단하지 말라, 방해하지 말라, 대적하지말라, 용납하지 않으리라'라는 말씀을 하셨다는 말씀을 들었습니다. 신 목사님께서 주신 유인물을 통하여 신 목사님의 사명이 마지막 때 회개시키고 재림을 준비시키는 놀라운 사명인 것을 알게 됐습니다.

이전에 제가 다니던 사능교회에서 장로님이 목사님의 계획에 반대하셨다가 교통사고가 날 위치도 아닌 장소에서 교통사고로 즉사하시는 모습을 봤습니다. 이글을 제가 쓰는 것은 목사님께 아부하기 위함이 아니라 제발 하나님의 섭리와 뜻에 순종하여 청죽교회가 하나님의 사명을 감당하셔야 하기 때문입니다.

하나님께서 청죽교회에 원하시는 일이 있습니다. 하나님께 기도하며 주신 사명 감당해야 합니다.

이금상 권사(청죽교회)

교회 건축할 때 의자를 옮기다가 오른쪽 팔에 무리가 갔는지 그날 밤부터 힘이 없고 팔을 쓸 수가 없도록 아팠다. 병원을 몇 군데 다녔지만 잠깐 동안은 괜찮은듯하더니 다시 아프기 시작했고 병원에서는 낫기까지 3년 정도가 걸릴 것이라고 했다.

6개월가량 오른쪽 팔을 못 쓴 채로 지내던 어느 목요일 저녁, 다비다회 친교 모임이 있어 교회에 있는데 목사님 두 분이 심방 가시다가 들리셨다. 신 목사님께서 아픈 곳이 있어 기도 받기 원하는 사람은 나오라고 하셔서 기도를 받았는데, 그날 밤에 오른쪽 팔이 쑤시고 불이 나는 것같이 아파서 잠도 제대로 못 자고 입술이 두 군데나 부르텄다.

다음 날 금요 심야 기도회 때 목사님께서 보시더니 왜 입술이 그렇게 부르텄느냐고 물으셔서 밤에 있었던 일을 말씀드리자 내일 아침 10시에 한화자 권사님 댁에 가니까 그때 다시 오라고 하셨다. 그때 알로에 회사를 다닐 때였는데 아침 회의를 마치고 10시 시간에 맞춰 집사님 댁으로 가서 다시 기도를 받는데, 저녁때 부기가 빠지면서 병원에서도 치료 못 하던 팔이 깨끗이 나아졌다.

고은숙 권사님(청죽교회)

지금까지 날 구원하시고 한량없는 사랑과 은혜로 이끌어 주신 하나님 아버지께 먼저 감사와 찬송을 올린다.

어렸을 때부터 홀어머니 밑에서 딸만 많고 힘이 없고 보잘것없는 우리 가정을 택하여 주셔서 순간순간 하나님의 손길로 그 많은 축복과 보호 속에 살게 하셨는데, 무엇보다도 감사한 것은 좋은 교회, 좋은 목사님을 만났던 것이다. 제일 먼저 다녔던 월연교회와 김용덕 목사님, 우릴 중매해주셨던 나주교회와 정남교 목사님, 그리고 청죽교회와 김경곤 목사님, 신옥자 목사님이다.

예수님께서 사랑하시는 백성 이스라엘을 두고 암탉이 그 새끼를 날개 아래 모음같이 백성 된 자녀를 모으려 하시듯, 우리에게도 누구나 자녀 사랑만큼 끔찍한 게 있을까?

나에게도 2남 1녀를 주셨는데, 첫아들을 낳고 둘째 딸을 안는 기쁨이란 이루 말할 수 없었다.

그런데 낳은 지 20일쯤 지났을까 소중한 선물로 주신 어린 딸에게 폐렴 패혈증이란 병세가 생겨서 콧대가 파랗게 질리며 숨을 제대로 쉬지 못한 채 금방이라도 생명이 꺼져갈 것만 같았다. 친정어머님의 "아버지 하나님! 이 어린것에게 무슨 죄가 있사오리까? 이 어리석은 어른들의 죄를 용서하여 주소서!" 절규하시듯 간절한 호소의 기도 소리를 뒤로한 채, 집을 나서 중앙성심병원에 입원시키니 혼수상태 - NO 체온조절- 사형 선고하듯 소아과 과장의 절망적 선언- 애가 끓고 입이 탄다는 말이 정말 내게 실감이 났다. 그중에서도 가장 힘을 빠지게 하며 체념을 할 수밖에 없었던 일은, 303-0341(청죽교회)로 전화를 돌렸을 때 목사님 사모님(지금은 신 목사님)이 기도원에 가시고 안 계신다는 것이었다.

인큐베이터 안에 퉁퉁 부어 있는 어린 생명 앞에 할 말을 잃고 회개하는 심령으로 위에 계신 하나님 아버지만 바라볼 수밖에 없었다. 아기는 경련으로 사투를 벌이며 폭풍우 같은 3일 밤을 지낸 후 간신히 우유를 빠는 게 아닌가! 너무 기뻤다. 아니 그보다도 정말 더 감사한 것은 기도원에 가셨다던 두 분 목사님께서 병원에 찾아오신 것이다. 예배를 드리고 인큐베이터에 손을 얹고 간절히 기도해 주시던 목사님께 감사드렸다.

다음 날 아기의 건강은 놀랍게 회복되어가고 날마다 목사님께서 오셔서 예배를 드릴 때 병실에 있는 모든 분들이 하나님의 사랑으로 감동을 받게 되었다. 기도원에 가셨던 목사님이 도중에 내려오시게 된일, 양의 생명을 위해 목자의 기도와 위로는 정말 예수님의 사랑을 조금이라도 알 수 있는 사건이었다.

한 가지 더 간증하고 싶은 일은 막둥이 '도신'이 분만에 대해서다. 5월 5일이 예정일인데 아무 기미가 없어 지금 소망교회 사모님이신 대훈 엄마와 밤새껏 이야기꽃을 피우며 날이 새자 조금 파수된 것도 모른 채 이상하다 하며 일찍 병원을 찾았다. 진찰 결과 수술하는 방법만이 안전하다고 했다.

교회 신 목사님께 전화 드리니 성가병원으로 오라 하셔서 약간의 진통을 느끼며 병원에 도착하여 오후 2시에 수술을 정해 놓고 링겔을 맞으며 기다리고 있었다.

나는 전부터 생각해 오길 이번 분만 진통 시엔 예수님의 십자가를 감사해야겠다고 했으나 수술을 한다니 한편 다행이라 생각했다. 속히 수술해서 아픔을 모면해 보고픈 생각이 간절했다. 목사님, 장로님, 염 권사님 여러분께서 오셔서 예배를 드리고 신 목사님께서는 남아서 계속 기도를 하시는 중 내 마음이 점점 바뀌어가고 있었다. 수술로 쉽게 분만하려던 생각이 나도 모르게 흐느끼는 눈물로 자연분만이 확신이 되며 정확히 수술시간 2분 전에 혼자서 아기를 낳게 되었다. 나중에야 신 목사님께서 하나님의 응답(자연분만)을 받고 오셨다는 것을 알았다.

지금까지 많은 체험과 간증 할 수 있는 일들이 이어져왔다. 두 분 목사님의 염려와 사랑과 간절한 기도는 부족한 우리 가정의 축복과 위로로 직결되었음을 고백한다.

오순엽 권사(청죽교회) (2003년경에 기록한 간증)

나는 몇 년 전까지만 해도 예수님을 믿는다고 했지만, 세상 의심과 내 생각으로 꽉 차 있었으며, 열악한 환경으로 인하여 영적으로 육적으로 표현할 수 없으리만큼 힘들고 고통스러웠다.

머리는 칼로 자르는 것처럼 아팠고, 또 머리에서 발끝까지 아프기 때문에 자연히 나의 생활은 짜증과 불평뿐이어서 교회에서는 천사와 같았지만, 집에 가면 교회와 반대 생활을 했던 것이다.

그러던 중 약 5년 전에 (1996) 소예배실에서 새벽예배를 드리고 나서 기도하는 있는 중에 신옥자 목사님께서 오셔서 나를 위해 안수해 주셨는데 그때 심한 진동과 함께 내 안에 있는 어둠의 권세가 드러났고 계속된 안수로 내 안에서 어둠의 권세가 나가는 것을 느꼈다. 그때까지만 해도 내가 말씀대로 살아지지 않고, 기도도 못하고 감정도 조절을 할 수 없었는데 그 이유가 내 안에 있는 어둠의 권세로 인함임을 그때 알았다.

안수 후 김 목사님께서도 자주 안수해 주셨고 목사님의 지도에 순종하니 점진적으로 머리 아픈 증세도 없어지고 마음도 평안해졌고, 또 만물을 보니 그전과는 달리 하나님이 살아계심을 느낄 수 있었고 천국과 지옥이 있다는 것도 확신하게 되었다.

이제는 주님 앞에 갈 때까지 말씀대로 순종하여 내 삶 속에서 하나님의 능력이 나타나기를 날마다 기도하면서 예수님의 증인된 삶을 살도록 노력할 것이다.

박정숙 권사(청죽교회)

하나님은 약한 내 몸을 여러 가지 방법으로 치료해 주셨다. 둘째 아이를 조산으로 잃고 1년이 지난 후 내 몸은 뼈마디 마디가 시리고 아파 잠도 제대로 못 자고 빨래도 제대로 못하고 허리 굽혀 청소는커녕 무거운 것도 들 수 없었으며 조금만 일을 해도 피곤하여 몸을 가눌 수가 없어 누워서 쉬어야만 했었다. 그러던 중 새벽기도를 시작했고 새벽기도를 다닌 후 하나님께 건강에 대한 기도는 하지도 않았는데 나의 약함을 불쌍히 여기시고 언제 치료되었는지도 모르게 깨끗이 치료해 주셨다.

또 1997년경 신옥자 목사님께서 기구(온열기)를 사용하면서 안수하면 놀라운 신유(치료) 역사가 나타날 것이라는 성령의 감동이 있으시다면서 믿고 원하는 사람에게 온열기를 사용하시면서 기도해 주셨는데 당시에 나는 입안이 심하게 헐어 밥도 제대로 못 먹고 말하기도 힘들어 고생하고 있었는데 한번 기도로 깨끗이 나았다.

또 결혼 전부터 혈액 순환이 안 좋다하여 여러 가지 민간약을 어머니께서 해 주셨으나 별 효험을 보지 못했었고, 또한 주부습진으로 고무장갑에 면장갑을 끼어야만 일을 할 수 있었는데 몇 차례의 온열기를 사용하신 신 목사님의 기도를 통하여 하나님께서는 혈액순환, 주부습진, 그리고 위장병들을 치료해 주셨다. 지금은 고무장갑을 끼지 않고 일을 해도 손이 매끄럽고 부드럽다.

위장병은 치료해 주셨음에도 불구하고 나의 식생활 습관이 좋지 않아서인지 다시 약해지기를 수차례 반복되었으나 그때마다 예배시에 말씀을 듣는 중에 또 김경곤 목사님의 안수를 통해 수차례 치료해 주셨고 지금은 건강한 몸으로 생활하고 있다.

뿐만 아니라 우리 아이가 4살 때에 밖에서 노는데 갑자기 기침을 하기 시작하더니 계속되는 심한 기침 때문에 호흡곤란으로 아이의 몸은 빨갛게 온몸이 달아오르고 땀을 물을 부은 듯이 쏟으며 고통스러워하며 우는데 금방이라도 질식할 것만 같았다. 몇 차례 가까운 병원으로 업고 뛰어가 진찰받다가 소아천식 같으니 큰 병원으로 가서 검사받으라고 해서 어린이 종합병원인 소화병원에서 검사한 결과 소아천식으로 당시의 현대의학으로는 소아천식을 치료할 수 없다고 심한 기침을 억제하는 약만 주었다.

낙담하고 실망한 나는 예수님을 영접한지 얼마 안 되었으나 아이를 업고 목사님께로 가서 아이의 병에 대하여 이야기했고 이야기를 들은 김 목사님은 아이를 안고 머리에 안수하시면서 기도해 주시고 또 한 번 집으로 다른 집사님과 일부러 오셔서 아이를 안고 기도해 주셨는데, 그날 이후로 지금까지 건강하게 잘 자랐고 소아천식 증세로 병원에 가지도 않았고 천식 발작 기침 증세가 나타나지도 않았다. 지금까지 부어주신 하나님의 은혜와 사랑에 진심으로 감사드린다.

김미순 권사(청죽교회)

1988년도 결혼과 동시에 교회에 등록하여 믿음 생활을 했다. 시댁의 결혼 반대, 남편 직장생활 실패, 사업 실패, 갖은 아픔과 고통 속에 믿음 생활은 연속됐고, 주일 한 번 범하는 것이 큰 죄라 여기며 신앙생활을 한 모범생이었다. 주위의 따뜻한 배려, 충고, 도움, 이것은 나에게 교회생활을 열심히 하는 선물이었다. 그러나 주님은 만나지 못했다. 신앙고백도 못했다. 그러나 내가 다니는 교회를 떠나는 것을 생각지도 못하고 멀리 이사 와서 차비가 없지만 어렵게 다녔다. 그러나 왠 아픔…, 인간적인 배신을 하는 기분이 들어 교회를 옮겨야 한다는 뜻을 받아들이고 싶지 않았고 정말 아팠다. 그러나 고집을 부릴 수만은 없었다.

1997년 청죽교회로 교회를 옮겨 등록한지 1달도 못 되어서 신옥자 목사님께서 성도들의 요청에 의해 교회에 오신다는 소식을 듣고 나도 가게 되었다.

성도들은 목사님의 안수와 치료에 귀 기울이며 기뻐했다. 그러나 난 그 모습이 이해가 안 되었으며 별 반응을 못 느꼈다. 얼마나 지났을까? 나도 목사님께 다가가 이야기하게 되었다. 그런데 나에 대해서 목사님께서 말씀하실 때마다 '어떻게 아시지?' 하면서 나에게 눈물과 기도의 은혜를 주셨다. 내 속을 들여다보게 하시는 성령님의 은혜를 목사님을 통해 비춰졌고, 눈물로 회개하면서 은혜를 체험했다.

그 이후 내 모든 삶은 시원했고, 나에게 병처럼 느껴지는 기침도 멎고, 기뻤고 자신 있고 당당했다. 난 이 순간 주님의 은혜를 맛보며 살 가치를 느끼며, 왜 믿어야 하는지, 왜 교회에 다녀야 하는지를 깨닫게 해주시는 이 모든 것이 하나님의 은혜이고, 값없이 주시는 선물이었음을 깨닫고 믿음 생활, 교회 생활, 가정생활이 기쁨이며 하나님께 영광이고 목사님을 만나게 해주신 성령님의 축복이었음을 깨달았다.

이 좋은 예수님을 만나게 해주신 목사님께 감사드린다.

박미숙 집사 (2003년경에 기록한 간증)

"언니 내 발가락은 참 희한해, 별것도 아닌데 치료하고 나면 재발하고 또 치료하고 나면 재발하고 그래, 불치병인가?" "너 목사님 안수 좀 받아봐라. 요즘 목사님 안수 받고 치료받은 사람 많다." "하하하~, 언니 어쩌다 그렇게 됐어?" 난 딱 잘라서 언니를 비웃었다. 그로부터 약 7년 후 난 지금 컴퓨터 앞에 앉아 그때의 기억들을 하나하나 되살리며 이렇게 내 손으로 직접 하나님을 증거하고 있다. 나야말로 이렇게 될 줄 누가 알았으랴?

나는 아주 어렸을 때 부활절이나 크리스마스 때를 즈음해서 교회를 다녔던 걸 제외하고는 철이 들기 시작하면서는 교회에 나간 적이 없었다. 교회하곤 담을 쌓은 채로 중학교, 고등학교 시절을 보냈다. 그러던 내가 하나님으로부터 방해(?)를 받기 시작한 것은 대학교 들어가고 나서부터이다.

마냥 자유롭기만 할 것 같았던 나의 대학 새내기 시절은 어느 한 끈질긴 선배로 인해 도망자 아닌 도망자 신세가 되어야 했다. 서클 하나 들어볼까 고민하던 차에 뭔가 심상치 않은 미소로 내게 다가온 한 순하고 예쁘게 생긴 여 선배가 있었다. CCC에 들라는 거였다. 그 선배는 보기와는 다르게 끈질긴 면이 있었다.

바쁘다며 일언지하에 거절하고 일어나려는 내게 그 선배는 기어이 내 이름과 전화번호를 받아내는 걸로 날 그 자리에서 보내줬다. 그 이후로 그 선배를 나는 100m 전방에서도 알아보고 나를 그야말로 공포로 떨게 하는 환한 미소로 내게 달려오곤 했다. 이야기할 틈도 주지 않고 여러 번 차갑게 거절했음에도 불구하고 선배는 지치지도 않고 그렇게 나를 쫓아다녔다.

한번은 간곡히 부탁하기에 시간을 내겠다고 약속하고서 난 약속 장소에 가지 않았다. 그날 밤 선배한테 전화가 왔다. '자존심이 있으면 이쯤에서 나를 포기하겠지'하는 생각으로 전화를 받았다. 그러나 그 선배는 걱정돼 전화했다며 화 한번 내지 않고 전화를 끊었다. '도대체 왜 화를 내지 않는다는 말인가? 전생에 나랑 무슨 원수가 졌단 말인가?…

그렇게 숨바꼭질을 거듭하면서도 난 결국 그 선배에게 시간 한번 내주지 않았다. 2학년이 되면서 난 서울로 이사를 해야 했다. 집은 수원이고 학교는 서울에 있는 터라 통학하기가 힘들어 결국 서울서 자취를 하기로 했다. 교통편이랑 이것저것 고려해 응암동 큰 언니 집에서 그리 멀지 않는 곳에 방을 구했다. 내가 그곳에 방을 구한 것은 교통도 교통이지만 언니 것이 내 것이고 내 것이 내 것이라는 나름대로의 심오한 계산이 들어있었다.

2학년이 되면서 물귀신처럼 쫓아다니던 CCC 선배가 보이지 않아 궁금하기도 했지만 나름 홀가분했다.

그러나 방심은 금물, 그보다 더한 물귀신(?)이 바로 옆에 있었다.

언니 집에서 반찬을 갖고 오는 길은 생각보다 멀고 험난했다. 왜냐하면 내가 갈 때마다 언니는 나를 앉혀놓고 교회에 나가자며 기나긴 설득 내지는 설교를 했기 때문이다. 나는 그 설교를 들으면서도 언니의 말에 허점이 없나, 어폐가 있지 않나, 그도 아니면 언니를 꼼짝 못하게 하는 질문 하나 없나 그 궁리만 했었다. 날 꼭 교회에 데리고 가려는 언니의 굳은 의지와 절대 나가지 않으려는 나의 철통같은 의지와의 싸움은 얼마 가지 않아 나의 KO패로 어이없이 끝나고 말았다.

적을 알면 백전백승. 형제들 사이에선 짜기로 소문난 큰 언니가 날 알아보고 물질 작전으로 바꿨기 때문이었다. 언니는 뭐 필요한 거 없냐고 물었다. 자취 생활에 필요한 게 좀 많은가, 난 내 돈으로 사긴 좀 비싼 걸로 하나 댔고 언니는 그걸 쉽게 사줬다. 조건은 교회 한번 나가는 것이었다. 신용하면 또 '박신용'아닌가? 교회 한번 나가는 거 어렵지 않는 문제였다. 그래서 언니와 약속 때문에 한 번 나갔다. 그러나 하나님을 전혀 알지 못하고 세상에 더 재미를 느끼는 내게 매주 교회에 나가는 건 그야말로 고통이었다. 중간고사 준비로 바쁘다는 핑계를 대고 교회에 가질 않았다.

그러나 난 중간고사 기간은 고사하고 4월 한 달 동안이나 학교에 갈 수가 없었다. 다리를 다쳐 걸을 수가 없었기 때문이었다. 따사로운 봄날씨에 집에 갇혀 있으면서 많이 지쳐 있었지만 그래도 하나님을 향한 내 마음은 조금도 열리지 않았다.

5월이 되면서 난 걸을 수 있게 되었고 다시 기가 살았다. 언니의 전도 노력은 여전했지만 난 눈 하나 깜짝하지 않았다. 4월 한 달 동안 갇혀 있었던 것도 억울한데 내가 왜 교회에서 시간을 낭비해야 한단 말인가? 다신 절대 언니 꼬임(?)에 넘어가지 않으리라. 난 언니를 피해서 자유를 만끽하며 천방지축으로 돌아다녔다. 그러나 그것도 잠깐. 언닌 너무나 쉽게 내 의지를 무너뜨렸다. 좀 더 강도 높은 미끼를 던진 것이다. "날도 더운데 냉장고 필요하지 않니?" 이 말에는 거절할 수 없는 강한 힘이 있었다. 아!…난 왜 이렇게 물질에 약하단 말인가? 어쨌든 난 그 조건으로 또 교회에 나가야 했다. 한번은 또 나가줬다(?).

그즈음에 난 엄지발가락에 난 티눈 하나 때문에 골치를 앓고 있었다. 의료보험이 수원에 있는 터라 방학 때 수원에서 깨끗하게 치료하고 나면 학기 중에 또 재발하고 그러기를 2년.

언니가 목사님께 안수기도 한번 받아볼 것을 권했다. 웃음이 나왔다. 교회 가서 앉아 있는 것도 나 자신이 웃긴다고 생각을 하던 차에 안수기도라니…, 그래도 밑져야 본전, 마지못해 한 번 따라갔다. 신옥자 목사님이 안수기도하실 동안 난 살짝 눈 뜨고 발가락을 봤다. 연기라도 날 것을 기대하면서, 나을 것이라는 믿음이 내게 조금도 없으니 아무 일 일어나지 않은 것은 당연한 것이었다. 역시나 하면서 교회를 나왔다.

교회에 나가는 게 영 내키지 않은 터에 다행히 또 핑계거리가 생겼다. 바야흐로 6월은 기말고사 기간, 학생이 어찌 공부를 소홀히 할 수 있겠는가? 그럴싸한 핑계였다. 도서관 가야 한다고 교회에 가질 않았다.

그러나 기말고사 며칠 앞둔 어느 날 난 구토와 오한으로 잠을 잘 수 없었다. 집 근처 병원에 갔는데 거기서 링거주사를 맞고 나왔는데도 증세는 더 심해져만 갔다. 아픈 몸을 이끌고 언니 집에 갔다. 언니 집에 도착하자마자 난 잠깐 의식을 잃고 쓰러졌다. 잠시 후 의식을 되찾고 언니랑 같이 서부병원에 갔다. 급성 장염이었다.

더운 여름인지라 음식을 잘못 먹은 터였다. 우선 입원을 해야 한다는 것이었다. 입원이라니…. 내일 모래가 기말고사인데 중간고사 때도 아파서 학점관리가 하나도 안 돼 있던 터에 입원은 내게 한 학기를 포기해야 한다는 말과 다름없었다. 어쨌든 그런 것까지 생각하기엔 너무나 배가 아팠다.

언니는 기회는 이때다 싶었는지 본격적인 꼬시기 작전을 시작했다. 영을 볼 줄 안다는 다른 환자 보호자가 내 안에 지금 센 마귀가 들어있다고 했다. 또 의사는 내 안에 센 균이 있다고 했다. 언니는 두 사람이 말한 '센'의 일치를 강조하면서 지금 마귀와 싸우고 있다면서 닫혀있는 내 마음을 열려고 간증서를 잔뜩 병실에 갖다 놓았다. 난 거들떠보지도 않았다. 목사님 내외분께서 문병을 오셔서 기도를 해 주실 때도 패배감 때문이었는지 아니면 거부감 때문이었는지 난 고개를 돌렸다.

일주일 동안 음식을 먹지 못하고 링거만 맞았다. 많을 땐 하루에 화장실을 24번을 갔다. 1번을 가려면 30분 정도는 배가 뒤틀리고 아팠다. 그리고 화장실을 가면 나오는 것은 거의 없었다. 그러기를 1시간마다 반복하는 것이었다. 잠을 못 자는 것은 물론이었다. 의사는 화장실 몇 번 갔다 왔는가로 병의 호전 정도를 체크했다.

하루는 친구들이 한바탕 왔다 가고 언니도 와서 장황하게 설교를 늘어놓고 가고 밤이 됐다. 난 또다시 곧 찾아올 고통에 미리 겁먹고 있었다. 고통이 어김없이 찾아왔다. 원래 정신적 고통은 참아도 육체적 고통을 못 참는 나인지라 이번엔 정말 차라리 죽었으면 좋겠다 싶을 정도로 아팠다. 그날따라 쭉 옆에서 지극정성으로 간호를 해주던 남자친구(지금의 남편)도 가고 없었다. 참을 수 없는 고통과 옆에 아무도 없다는 두려움으로 범벅이 되어서 난 너무도 고통스럽게 소리 내서 울었다.

고통은 점점 심해져만 갔다. 점점 두려워졌다. 화장실도 갈 힘도 없었다. 배를 움켜쥐고 한참을 뒹굴다 나도 모르게 속으로 외쳤다. "하나님 잘못했어요…." 아주 간단한 시인이었다. 그러나 그 간단한 시인에 난 스르르 잠이 들었고 이틀 만에 퇴원을 했다.

퇴원하고 나서 저번에 신 목사님께 안수 기도 받았던 발가락도 깨끗하게 나았음을 발견하고 놀라지 않을 수 없었다. 이렇게 난 하나님 앞에 두 손 들고 나올 수밖에 없었다.

"내가 택하지 않고서는 누구도 내게 올 자가 없느니라."고 하시는 주님께서 우리를 택하시고 주께로 인도하시는 그분의 놀라우신 계획에 다시 한번 감사를 드린다. 처음엔 더 이상 거역하기 두려워서 교회를 나가기 시작했지만, 시간이 지나면서 정말 주님께서는 살아계시고 우리와 함께 동행 하신다는 것을 느끼곤 한다.

유학 생활 3년째, 우리가 계획하고 왔던 것 이상으로 주님께선 더 좋은 것을 계획하고 계시고 우리를 그 계획하에 인도하심을 여러 번 깨닫는다. 가끔씩 우리에게 닥치는 어려움마저도 더 좋은 것으로 인도하기 위한 주님의 예비하심이었음을 이젠 당당히 인정할 수 있다.

끝까지 포기하지 않고 물심양면으로 투자를 아끼지 않았던 큰 언니에게 감사하며, 항상 우릴 위해 기도해 주시는 사랑하는 청죽교회 두 분 목사님, 성도님들께 감사드리며, 항상 옆에서 기쁨이 되는 나의 분신, 내 사랑 하는 남편에게 감사하며, 이 모든 것을 가능하게 하신 하나님께 진심으로 영광과 감사를 드린다.

이선영 권사(청죽교회)

2018년 현재 50대인 저는 33살에 결혼해서 첫 아이를 5개월에 양수가 먼저 터져 유산하고 어렵게 아이를 임신했습니다. 그 당시 고령 산모에 속했던 저는 많은 검사를 했고, 검사를 통해 다운증후군 치수가 높고 초음파 검사 시 태아의 머리에 혹도 발견되어 큰 병원에 가서 정밀검사를 해야 했습니다. 병원에서도 양수 검사를 하고 조치를 취하는 것이 좋겠다고 했습니다.

저는 근심어린 마음으로 신 목사님께 전화를 걸어 자초지종을 말씀 드렸습니다. 신 목사님께서는 제 건강이 좋지 않고 양수 검사 시 부작용이 있을 수 있으니 기도해 보자고 하셔서 이 전에도 건강이 좋지 않을 때마다 말씀에 순종했을 때에 나음을 입었던 경험이 있어 병원에 양수검사를 하지 않겠다고 말씀드리고 집으로 돌아왔습니다. 그 후 저는 건강하게 자연분만으로 아이를 출산했고 두 아이의 엄마가 되었습니다.

2017년 11월에도 왼쪽 눈에 문제가 생겨(광막 박리로 눈이 보이지 않음) 수술을 하고 엎드려서 2달간을 지내야 했을 때에 할 수 있는 것이 없어 태블릿으로 말씀을 들으며 지냈습니다. 그때에도 신 목사님이 책과 말씀을 통해 하셨던 말씀을 들을 수 있었습니다.

어려움이 올 때마다 흔들리며 방황하는 제게 말씀으로 인도해 주시며 기도해 주셨고 신 목사님께서 말씀하신대로 이루어지는 것을 경험할 때마다 목사님 말씀에 순종케 하신 하나님께 감사드립니다.

이혁신 안수집사(청죽교회) (2008년경에 기록한 간증)

두렵고 떨리지만, 하나님께서 저희 가정에 베풀어 주신 은혜를 생각하면 가만히 있을 수 없어 하나님의 은혜를 나누고 온전히 하나님께 영광 올려드리기 위해 펜을 들었습니다.

역촌동의 골프 연습장을 정리하고 학생지도와 모회사의 그룹 레슨지도 제의가 들어와서 학생지도를 위해 태국과 인도네시아 현지답사를 마치고 귀국하였더니 왠지 모르게 모든 계약들이 파기되었습니다.

이런 일은 있을 수 없는 일인데 어떻게 이런 일이 발생되었는지? 하면서 며칠을 지내는 가운데 우연히(하나님의 깊으신 뜻이 있는 줄 모르고) 한 스포츠센터에서 근무하게 되었습니다.

그런데 어찌나 환경이 열악한지 숨도 제대로 못 쉬는 그런 곳이었습니다. 그렇게 한두 달 지났을 무렵 중국에 있는 친구 프로가 잠시 귀국하여 저에게 전화를 하면서 중국의 심천과 광주에서 자리 잡고 성공하였다면서 나에게 홍콩 바로 옆에 있는 심천 지역의 골프 시장을 맡아달라고 부탁을 하여 중국의 심천을 현지 답사하였습니다. 현지답사 결과 홍콩에서 30분 거리라 모든 것이 외국 사회화되어있어 자유롭고, 화려하고, 현지 스폰서까지 나서주니 더없이 좋은 조건에서 마음껏 활동할 수가 있었기에 나에게는 다시 한번 성공 할 수 있는 좋은 기회라는 생각이 강하게 다가왔습니다. 신 목사님께 전후 사정을 다 말씀드리고 심천으로 가겠다고 말씀드렸더니 "가지 마라 안된다 이번에 나가면 죽는다"고 한사코 만류하셨습니다.

예전에 신혼 때에도 제주도에 있는 컨트리클럽에서 파격적인 조건으로 스카웃 제의가 와서 강남에 있는 삼정호텔에서 클럽 사장과 관계자들을 만나서 서류 제출과 면접이 끝나고 1주일 내로 빨리 와달라는 부탁을 받고 제주도로 가려고 임 집사와 이야기를 한 바로 다음 날 김 목사님과 신 목사님께서 저희 집에 예고 없이 방문하셔서 "어디를 가려고 하느냐? 사람을 낳으면 서울로 보내고 말을 낳으면 제주도로 보내는데 왜 사람이 제주도로 가려고 하느냐?" 하시기에 제주도의 컨트리클럽에서 정말 좋은 조건으로 스카웃 제의가 와서 가려고 합니다. 하니까 가지마라 아무리 어떠한 좋은 조건이 있어도 가지마라 하시기에 아무도 모르게 임경순 집사와 둘만 알게 얘기했는데 어떻게 알고 오셨는지 놀라서 가지 않기로 포기한 것과 역촌동에서 골프장을 운영할 때 한국의 모든 것을 정리하고 외국으로 나가려고 계획을 다 세워놓고 있던 차에 또 김 목사님과 신 목사님이 예고 없이 골프장에 찾아오셔서 하시는 말씀이 "어디 가려고 하느냐" 하시기에 "아니 또 어떻게 알고 오셨어요?" 하니까 "가지 마라 어려워도 한국에 있으라." 하시기에 아니 우리가 무슨 계획만 세우면 어떻게 알고 오셔서 "가지 마라. 가지 마라" 하시니 정말 신 목사님 말씀이 두렵고 떨려 안 들을 수 없었던 기억들이 있기에 정말 고민이 많았습니다. 이런 좋은 기회를 왜 신 목사님은 반대를 하시는 걸까? 하고 속도 많이 상했습니다. 이상하리만치 국내 생활은 점점 더 어려워지고 외국의 다른 곳에서도 와달라는 요청은 계속되고 있어 이 유혹들을 쉽게 물리치지 못하고 또다시 며칠 후 신 목사님을 찾아뵙고 이제는 한국에서는 먹고 살 것도 없고 초라한 내 모습도 너무 싫으니 중국의 심천이나 다른 나라로 가겠다고 졸라보았으나 역시 또 퇴짜 "안돼요, 가지 마세요." 하시면서 먹을 것이 없으면 라면이라도 먹고 견디라는 신 목사님 말씀에 몹시 실망스럽고 원망스럽기도 하였으나 순종하는 마음으로 외국 가는 것을 포기하였습니다. 그럼에도 불구하고 마음속에는 늘 이렇게 비참하게 살 바에야 차라리 차라리 하는 생각으로 꽉 차 있어 매우 혼란스러운 시간들이 지나는 가운데 하나님께서 제가 총각 때 나무 심기 봉사도 하던 오산리 기도원이 생각나게 하셨습니다.

명분은 기도드리러 간다고 했지만 저는 기도하는 시간이 3분이면 더 이상 기도할 것이 없었기 때문에 사실은 현실도피를 간 거지요. 며칠간 빈둥거리면서 예배 참석하게 되었는데 예배를 드리는 횟수가 거듭되면서 새록새록 소망이 생기는 겁니다.

기왕에 예배드리는데 방언을 받아서 죽기 살기로 하나님께 매달려 보기로 하였으나, 방언을 받으려면 회개를 해야 한답니다. 그동안 신 목사님은 제게 회개를 하라고 말씀하시고 저는 회개하고, 회개가 끝났다고 말씀드리면 아직 회개가 안 되었다고 하시면서 다시 회개하라고 하시던, 그 어려운 회개가 숙제가 되었습니다.

이제 와서 포기할 수도 없고 해서 창자가 끊어질 정도로 죽기 살기로 회개하며 기도하였으나 또 꽝, 나 혼자의 힘으론 도저히 이 회개의 숙제를 해결할 수 없어 기도원 목사님과 상담도 하며 박정숙 집사님을 통하여 신 목사님의 지도를 받으면서 회개를 했습니다. 정말로 회개를 하니 신 목사님께서 말씀하신 회개가 이것이구나 하는 생각이 들더군요. 예배가 새롭고 기도가 새로웠습니다. 그리고 방언도 받았습니다.

더 많이 기도하라고 방언을 주신 거라는 말씀을 뒤로하고 기도원을 내려왔는데 실생활은 크게 달라진 게 없었습니다. 이번에는 하나님께서 저를 목동으로 보내셨습니다. 목동은 예전에 화려하게 근무하던 광명이 지척에 있는 곳이었습니다. 근무는 목동에서 하지만 마음은 광명에 가기를 희망하며 온갖 방법을 다 동원해서 광명에 재입사하려고 하였으나 되지 않았습니다.

목동스포츠센터 계단에 쭈그리고 앉아, 왜 그 화려한 외국 생활은 못하게 하시면서 신 목사님께서는 나에게 교회의 사명이 있으니 기도해라, 기도해라 하셨는데 이 모습이 진정 하나님이 원하시는 것인가 하며 원망도 하며 불만 불평하며 그렇게 근무하던 중, 그러다 3개월째에 들어서면서 '아! 하나님께서 나에게 스포츠센터를 해보라고 하시는 건가?' 하는 생각이 들기 시작했습니다.

그래서 기도하기를 하나님께서 주시는 소망이면 계속 불일 듯 소망을 주시고 아니시면 다시는 생각나지 않게 해주세요. 하면서 기도했는데 계속 강하게 소망이 불일 듯 일어나는 것이었습니다. 사람들도 만나게 하시고 정보도 입수하게 하시고 계속 일을 추진하게 하셨습니다. 사실 그때의 저의 형편으로는 무엇인가 추진한다는 것이 마음이 무너진 상태로나, 물질적으로나, 하나님의 절대적인 도우심이 없이는 도저히 불가능한 상태였습니다. 그러나 "너는 내게 부르짖으라. 그리하면 내가 네게 응답하겠고 네가 알지 못하는 크고 비밀한 일을 보이리라" 하신 이 말씀 붙들고 기도하면서 장소를 보러 다니기 시작했습니다.

하나님 저에게 주실 장소는 꼭꼭 숨겨두었다가 저에게 주세요. 하고 기도하면서 서울과 근교를 샅샅이 뒤져 보았지만, 건물 임대비가 너무 비싸거나 여건이 맞지가 않아, 하나님 이제는 저를 위해 예비하신 곳을 보여주세요. 하고 날마다 떼를 쓰며 다니던 어느 날 충무로 지금의 장소를 들어가게 되었는데 전 그 자리에서 가슴이 뻥 뚫리는 느낌을 받았습니다.

"하나님! 이 자리가 정말 하나님께서 저에게 주시려고 예비하신 곳이지요?" 하고 묻지 않을 수 없었습니다. 기쁜 마음으로 계약을 추진하는데 또 어려움이 있었습니다. 충무로 타워빌딩이 미국계 건물이라 법인이 아니면 계약이 안 된다는 것이었습니다. 그 건물의 커피 전문점까지도 모두 법인이었습니다. 게다가 마지막 순간에 돌아본 옆에 있는 극동빌딩에 세계적인 스포츠센터인 '발리'가 입점하여 공사 중이라는 것을 알게 되었습니다. 제 개인 하나 대 그 유명하고 크고 화려한 발리라고 생각하니 너무나 낙심하고 실망해서 '아! 이것은 나에게 주시는 것이 아닌가 보다' 라며 포기하고 잊기로 했습니다. 만군의 여호와가 나와 함께하신다는 믿음을 져버리고 세상적인 생각으로 지레 겁먹고 포기한 나약한 믿음을 나중에 회개하였습니다. 그곳을 포기하였으나 미련을 못 버리고 그곳을 몇 바퀴씩 빙빙 돌다 출근하곤 하였는데 어느 날 또 그곳을 몇 바퀴 빙빙 돌고 목동으로 출근하는데 갑자기 "너 지금 뭐 하고 있니?"라는 생각이 강하게 밀려왔습니다. 그 순간 저도 모르는 사이에 차선을 돌려 다시 충무로로 향했고 충무로역에서 충무로 타워빌딩을 바라보고 있는데 퇴근 시간에 구름처럼 밀려 나오는 사람들을 보여주시는 것이었습니다. 그 순간 "아! 하나님이 주신 것이 분명하구나." 하는 확신을 갖게 되었습니다. 충무로 주변의 모든 스포츠 센터를 점검 하면서 영업 계획을 세워보니 하나님이 함께해주시면 무조건 승리할 수 있다는 확신이 강하게 왔습니다.

하나님께서는 개인 업체로는 계약할 수 없는 외국인 빌딩을 계약하게 해 주셨습니다.

드디어 하나님의 은혜로 공사를 시작했지만, 사탄의 방해로 어려움이 많이 있었습니다. 그러나 어려움 중에도 하나님께서는 공사를 할 수 있도록 인도하셨습니다. 좋으신 하나님의 은혜로 한 치의 오차도 없이 하나님의 계획대로 이루지게 하셔서 10월 중순 두 분 목사님과 교우들을 모시고 예배를 드린 후 10월 29일 스포츠센터인 PGA Spolex를 충무로에 오픈하게 하셨습니다.

하나님께서는 오픈하자 구름 떼처럼 많은 회원을 보내주시는데, 이것을 보고 다들 놀라워했습니다. 이것이 말로만 듣던 기적적인 축복의 역사였습니다. 그래서 나의 나 된 것은 주님의 무조건적인 은총의 역사였다고 간증하게 되었습니다. 이제는 전처럼 베풀어 주신 하나님의 은혜를 뺏기지 않기 위해서 은혜에 합당한 삶을 살려고 합니다. 그래서 은혜에 합당한 열매를 맺어 하나님께 영광을 돌리고 교회에 충성하여 하나님과 두 분 목사님과 기도해 주신 성도님들께 은혜를 저버리는 실수와 오류를 범하지 않기 위해 힘쓰고 있습니다. 앞에서 말씀드린 대로 처음 시작하여 회원이 구름 떼처럼 모여 주위를 놀라게 했는데 지금은 훨씬 더 많이 모이고 있습니다. 참으로 좋으신 하나님이심을 다시 한번 깨닫게 됩니다. 여기까지 은혜로 인도해 주신 하나님께 진심으로 감사를 드리고 싶습니다. 그리고 부족한 저를 여기까지 오도록 지도해주신 두 분 목사님께 진심으로 감사드립니다.

김 목사님, 신 목사님 정말 감사드립니다.

평생 은혜를 잊지 않고 바라시는 대로 훌륭한 충성스런 교회 일군이 되겠습니다.

오래전에 교회 건축할 때 감사함으로 최선을 다했을 때 하나님은 신 목사님을 통하여 "풀어지리라"는 예언을 주셨고 그 말씀대로 놀라운 축복을 받았지만, 말씀에 순종하지 않고 은혜에 합당하게 살지 못함으로 또 신 목사님의 예언 "자랑하지 말라 자랑할 수 없는 성도가 될 것이다" 는 예언이 나왔는데 그 예언대로 말할 수 없는 고난과 아픔을 겪었습니다. 이제 앞으로 두 번 다시 이러한 두려운 예언이 나오지 않고 축복을 받는 성도가 되어 하나님께 영광을 돌리기를 간절히 소망합니다. 저를 위해 많은 기도 부탁드립니다.

끊임없이 육신의 정욕과 안목의 정욕과 이생의 자랑에 얽매어있고 외국에 나가서라도 안락을 추구하며 살기를 갈구하던 저에게 두 분 목사님의 눈물의 기도에 감사드리며 성령님의 인도하심에 따라 이 땅에서 살 수 있는 길로 인도하여 주심을 감사드립니다.

제힘으로는 도저히 할 수 없는 일을 맡겨 주시고 또 이 모든 축복과 시련도 함께 주심은 이전에 성전건축으로 인하여 저에게 주신 300배가 넘는 축복을 하나님 뜻대로 사용하지 못하고 세상 적으로 잘못 살았기에 다 거두어 가셨던 것을 기억나게 하시고, 오직 하나님만 바라고 순종하는 믿음으로 살기를 원하시는 주님께 다시 한번 감사드립니다.

하나님이 행하시고, 지으시고, 성취하시는 PGA 스포렉스와 제가 함께 하나님의 축복의 통로로 사용될 수 있기를 소망합니다.

이제까지 두 분 목사님과 교우님들이 기도해 주셨거니와 앞으로도 기도해 주시기를 부탁드리오며 어려움이 있는 교우님들에게는 소망이 없던 나에게도 회복의 기회를 주신 하나님의 은혜가 있기에 낙심치 말고 하나님께 다 맡기고 부르짖기를 권면합니다.

우리 주님께서는 언제나 우리의 기도에 귀 기울이시며 우리 기도를 응답해 주실 것이며 우리가 알지 못하는 크고 비밀한 것을 보이시며 이루어 주실 것입니다. 우리 청죽교회는 밤낮으로 우리를 위해 눈물로 기도해주시는 두 분의 목사님도 계십니다. 고난이 유익이라는 말씀은 제가 가장 싫어하는 말씀인데 이제는 고난이 유익이라는 말씀에 아멘 하지 않을 수 없습니다. 고난 때문에 하나님을 바라보게 되고, 고난 때문에 하나님의 뜻을 조금이라도 헤아리게 되었습니다. 맡겨 주신 성전 건축의 사명을 우리 함께 이루어서 하나님께는 영광 돌리며 우리에게는 커다란 축복의 기회를 반드시 붙잡으시기를 소망합니다.

두 분 목사님과 모든 성도님의 가정 위에 하나님의 은혜가 넘치게 하여주실 것을 굳게 믿사옵고 여호와께서 함께하여주심을 감사드리오며 이 모든 영광을 하나님께 돌립니다. "여호와는 나의 목자시니 내가 부족함이 없으리로다." 아멘.

박정숙 권사 (청죽교회)

〈내가 본 사후세계〉를 정리하는 과정에서 내 생활도 바쁘고 계속 일이 생겨 하루 1,2시간 정도밖에 시간을 낼 수가 없었다.

그런데 하루는 내 입에서

"하나님 감사합니다. 애들이 많이 빠져도 괜찮아요. 신 목사님 글 정리하면 되죠 뭐~"

하는 말이 나와서 무슨 말이지? 애들이 좀 빠지려나? 생각했었다.

그런데 웬걸 급속도로 아이들이 줄어드는데 평상시 수의 반 이하로 줄어들어 덕분에 신목사님 글을 낮에도 애들을 가르치면서 정리할 수 있는 여유가 생겼다.

그러나 나도 매달 필요한 돈이 많이 있는데 애들이 쏙 빠져버리니 힘들어서 애가 타 "하나님 애들 좀 보내주세요." 간절히 기도하다가도 '신 목사님 글 정리하는 일이 얼마나 중요하면 내 생활을 잘 아시는 하나님께서 애들을 쏙 빠지게 해서 낮에도 정리할 수 있도록 하셨겠나.' 생각하며 이일이 얼마나 중요하고 내가 이일에 쓰임 받는 다는 것이 얼마나 큰 영광인지 깨달으며 애타서 기도하다가도 '아냐 사명이 더 중요해.' 하며 글이 정리되기를 기다리며 감사할 수 있었다.

그런데 정말 거짓말처럼 목사님 글이 어느 정도 정리가 되어가니 애들이 들어오기 시작하는데 급속도로 빠졌던 것처럼 급속도로 들어와 정상 괘도로 올려 주셨다.

그런데 그 후 코로나가 발생하여 소상공인이 정부 방역정책으로 인하여 많은 어려움을 겪으면서 정부의 지원금이 계속 나왔는데 그 기준이 아이들이 절반 이하로 빠져서 수입이 가장 적었던 19년도였다.

나는 코로나로 인하여 수입이 줄어도 19년도만큼 수입이 줄진 않아서 사실상 수입손실을 비교하면 지원금을 받을 대상이 되지 않았는데, 정부의 방역정책으로 다중이용시설인 학원은 영업금지와 영업제한을 받아 수입손실 여부와 상관없이 지원을 받을 수 있어서 모든 지원금을 전부 받을 수 있었다.

하나님의 일을 위해 손실이 있어도 아무 손해없이 결국 만회해 주심을 보면서 하나님의 일하심은 참으로 섬세하시고 참으로 놀랍구나 생각하지 않을 수 없었다.

뿐만 아니라 글을 정리할 때 계속 하나님의 도우심을 받으며 할 수밖에 없었다.

나도 이젠 나이가 많아 앞에 글을 읽고 다음 글을 읽으면 앞의 글이 기억이 안 났다.

또 신목사님의 간절함과 애절함이 넘쳐 계속 반복되고 반복되는데 어디서 반복되는지 처음부터 다시 찾기도 어렵고 또 이젠 한글의 맞춤법과 띄어쓰기도 어렵고 문장정리도 어려웠다.

그래서 글 정리가 막힐 때마다 기도할 수밖에 없었고, 기도하면 꼭 "내가 할테니 염려마라. 내가 너를 도우리라" 는 말씀을 어김없이 해주셨고 막혔던 정리가 쉽게 되기를 계속 반복했다.

또 신 목사님이 몸이 안 좋으심에도 불구하고 글을 계속 쓰고 계셔서 필체가 난해하여 신 목사님께서도 쓰고도 무슨 글씨인지 모르겠다

고 웃으면서 말씀하셨는데, 글씨를 읽기가 어려움에도 불구하고 하나
님께서 술술 읽게 해주시는데 놀라운 것은 다음에 다시 확인하기 위해
글을 보면서 어떻게 이 글을 내가 이렇게 제대로 읽고 해독했지? 깜짝
놀라 이 작업은 나는 도구일뿐 하나님께서 하고 계신다는 것을 깨닫지
않을 수가 없었다.

하나님께서 부족하고 허물도 많은 나를 신목사님 글 정리를 도와드
리도록 사용해주셔서 감사드릴 뿐이다.

하나님 감사합니다.

마치는 글

우리나라 한국은 '제2의 이스라엘'이며 한국교회 목사님과 선교사님들은 모두 특별하게 쓰시기 위해 선택된 사역자들이었습니다. 반드시 사명자답게 성도들의 본이 되고 귀감이 되는 말씀과 일치한 삶으로 아름다운 열매를 보여줄 수 있는 삶을 살아야 영광스러운 한국교회 사명을 완수할 수 있다고 하셨습니다.

거듭나 새로워져야 산다고 하셨습니다. 모든 사람이 다 구원받고 천국에 들어가도록 한 영혼 구원하는 일과 이 나라 이 민족과 세계 만민을 구원하라는 막중한 한국교회 영광스러운 사명을 감당하기 위해서는 복음으로 변화되어 새사람이 되어야 새 일을 행케 할 수 있다고 하셨습니다.

반드시 아래에 기록된 말씀을 마음에 새기고, 가르쳐 생명 있는 신앙생활을 할 수 있도록 해야 한다고 하셨습니다.

"이와 같이 좋은 나무마다 아름다운 열매를 맺고 못된 나무가 나쁜 열매를 맺나니 좋은 나무가 나쁜 열매를 맺을 수 없고 못된 나무가 아름다운 열매를 맺을 수 없느니라 아름다운 열매를 맺지 아니하는 나무마다 찍혀 불에 던져지느니라 이러므로 그들의 열매로 그들을 알리라 나더러 주여 주여 하는 자마다 다 천국에 들어갈 것이

아니요 다만 하늘에 계신 내 아버지의 뜻대로 행하는 자라야 들어
가리라 그날에 많은 사람이 나더러 이르되 주여 주여 우리가 주의
이름으로 선지자 노릇 하며 주의 이름으로 귀신을 쫓아 내며 주의
이름으로 많은 권능을 행하지 아니하였나이까 하리니 그 때에 내
가 너희를 도무지 알지 못하니 불법을 행하는 자들아 내게서 떠나
가라 하리라" (마태복음 7장 17~23)

"내가 네 행위를 아노니 네가 살았다 하는 이름을 가졌으나 죽은자
로다" (요한계시록 3장 1절)

육체와 영이 분리되면 죽는 것처럼 영은 하나님과 분리되면 죽습니
다. 믿음과 행위가 일치하는 하나님의 뜻대로 믿는 믿음이 구원받는
예수 생명이 함께하는 하나님이 기뻐하신 믿음입니다.

말씀대로 지켜 행하는 순종하는 믿음임을 잊지 말고 말씀대로 지켜
행하는 성도들이 되시기를 간절히 소망하고 기도하며 글을 마치려 합
니다.

나의 걸어온 삶을 담으면서 두렵고 떨리는 마음으로 한 자 한 자 기도
하는 마음으로 준비해 보았습니다. 이 떨림이 고스란히 하나님의 뜻이
기를 그리고 하나님의 뜻이 이루어지기를 간절히 소망하며 나의 부족
함을 주님께 맡깁니다.

사모가 된 것을 후회하며 울며 살던 초라하기 그지없었던 못난 저를

주님께서 눈물이 변하여 찬송이 되게 하셨고, 후회가 변하여 영광이 되게 하신 주님. 사모가 되게 하신 것만으로도 영광스러운데 목사까지 되게 하사 분에 넘치는 영광까지 주신 주님 사랑합니다. 고맙습니다.

이글은 성령님의 감동 감화하심과 주님께서 떠오르게 하시고 생각나게 하시고 알게 하셔서 주님께서 떨리는 내 손을 놓지 않으시고 끝까지 잡아주셔서 이글을 무사히 마칠 수 있었습니다.

나 같은 것이 무엇이길래 이같은 은혜를 주신 주님께 다시 한번 나의 나 된 것은 무조건적인 주님의 은총의 역사였다는 고백과 함께 모든 영광을 주님께 드리오며 이만 맺겠습니다,

주님께서 쓰라 하셨고 쓰게 하셨으니 이 책을 읽는 독자들에게 약속하신 말씀대로 맛있는 양식이 되게 하시고 생명을 살리는 역사가 있게 하소서.

수많은 영혼이 구원받게 될 것이요, 수많은 생명이 살아나는 역사가 있으리라고 하신 말씀대로 수많은 영혼이 구원받고 천국에 들어가게 하소서.

다시 한번 나의 나 된 것은 무조건적인 주님의 역사였음을 고백하며 이 책을 주님께 바칩니다.

아멘, 주님 감사합니다.

우리가 알거니와 우리의 옛사람이 예수와 함께 십자가에 못 박힌 것은 죄의 몸이 죽어 다시는 우리가 죄에게 종 노릇하지 아니하려 함이니 (로마서 6장 6절)

너희 육신이 연약하므로 내가 사람의 예대로 말하노니 전에 너희가 너희 지체를 부정과 불법에 내주어 불법에 이른 것 같이 이제는 너희 지체를 의에게 종으로 내주어 거룩함에 이르라(로마서 6장 19절)

예배 드리고, 성경 읽고, 기도하고, 이웃사랑하고, 복음 전파하고

주님의 종 신옥자

감사를 전합니다

이혜옥 권사님과 조연환 안수집사님께서 하나님의 계획과 섭리 안에서 큰 사명감으로 출판에 대한 확고한 신념을 갖고 처음 시작부터 마지막까지 누구보다도 기도와 헌신을 아끼지 않아 주셔서 마음속 깊이 감사드립니다.

그리고 박정숙 권사님과 이선영 권사님 딸 사라(김은정) 모든 작업에 저의 손발이 되어주셔서 감사드립니다.

이 분들의 헌신과 희생이 없었다면 불가능 했으리라 생각이 듭니다.

여러분의 노고에 다시 한번 심심한 감사를 전합니다.

보여주신 그 마음을 감히 헤어려보며 그 따뜻한 마음을 잊지 않겠습니다.

나의 간증 나의 이야기

[내가 본 사후세계]의 저자가 걸어온 야곱처럼 험악한 일생

초판 1쇄 발행 2024. 05. 10.

지은이   신옥자
펴낸곳   도서출판 소망
주 소   10252 경기도 고양시 일산동구 고봉로 776-92
전 화   031-976-8970
팩 스   031-976-8971
이메일   somangsa77@daum.net
등 록   (제48호) 2015년 9월 16일

ISBN   979-11-981157-7-5 03230

책값은 뒤표지에 있습니다.

◇

이 글을 통하여 상담하기를 원하시는 분들은
아래 전화번호를 참고하시기 바랍니다.
상담 전화 : 010-3063-6150
출판사 : 031-976-8970